アセンションか滅亡か!?

吉濱ツトム

徳間書店

高次エネルギーを取り入れるシール

ノートやファイルなどに貼ってお使いください。
また、エネルギーを高めたいところに貼るのもおすすめです。

はじめに

世界は破滅に向かっている？
アセンションは本当に進んでいる？
私の未来は一体どうなるんだろう？

そんな不安を抱く君のために、僕はこの本を作りました。

不安になるのも無理はない、そう思います。
SNSでもYouTubeでもTVでも、おそらく君の目に飛び込んでくるの

は、犯罪、事故、災害、戦争、地球温暖化による異常気象といった、心が暗くなるニュースばかり。

中には「大災害の予言」や「闇の勢力が人口削減云々《うんぬん》」といった情報がやたらと目について、怯《おび》えている人もいるのでは？

でも、保証しましょう。

これを読めば、今の君が見ている灰色の世界は消え去ります。

なぜなら僕は本書の中で、君が不安を感じる「根本原因」を解き明かしつつ、

◆2025年から2030年までに大きな問題は起こらない

◆日本は衰退も滅亡もしない

この2つを裏づける、さまざまな根拠を示しているからです。

また、アセンションに向けて日常の中でとれる対策や、君の問題がことごとく解決していく未来についても語っています。

以上はもちろん単なる個人の見解ではありません。ネットでも見られる公開データ、そして僕が日々読み漁っている文献や各分野の一流人から入手した、最新情報に基づいています。

多くの人たちが口にする「昔は良かった」は幻想です。詳しくは本文を読んでほしいのですが、世界は悪くなるどころか、どんどん良くなっているのです。

ただ、今後もネガティブな現象や問題点がゼロになるわけではありません。

アセンションの完成はまだまだ先の話だからです。

それに、人によっては、科学技術の進歩で様変わりする生活スタイルを味気なく感じたり、違和感を覚えてしまうかもしれません。


しかし、忘れないでください。

大変化する時代の中でどう生きるか、その選択はあくまでも自分自身に委《ゆだ》ねられています。

加速するアセンションによって、制限だらけの不自由な世界は終わりつつあります。この先どんな状況が訪れても、君は君の望むように生きられるのです。


そのためにも、自分の世界のとらえ方を見直す。これをぜひ実践してほしい。

まずは、「自分が今、何に注意を向けているか」に気づくこと。
そして、人の言葉を鵜呑《うの》みにせず、データで物事を見る大切さを知ること。
それが幸せなパラレルワールドを選び取り、豊かに生きるための第一歩です。

ではさっそく、僕と一緒にその一歩を踏み出しましょう。

2024年8月吉日

吉濱ツトム

装丁　三瓶可南子
カバー画／本文イラスト　浅田恵理子
編集　豊島裕三子
編集協力　長谷川恵子

アセンションか　滅亡か!?　目次

contents

第2章 ディープステートはこうして生まれた

第3章 日本と世界はこれだけ良くなっているという実例

第4章 日本が超大国へと返り咲く理由

第5章 資本主義が環境問題を解決する決め手になる

第6章 2025〜2030年の対策

第7章 個人の問題が解決しやすくなる世の中がやってくる

第１章

人はなぜ「世界は悪くなっている」と認識してしまうのか？

将来への不安を感じている人へ

「地球環境はどんどん悪化している」「食料危機がやってくる」「大災害が起こる」「日本経済の凋落《ちょうらく》」「資本主義の限界」「格差社会による貧困」……。

ネットにはそんなネガティブな情報があふれています。

それらの言葉をどこまで信じるかは別として、今の社会が昔よりも悪くなっているように感じ、将来への不安を感じている人はかなり多いです。

しかし、さまざまな統計を調べると、現実は逆であることがわかります。

世界はどんどん良くなっているのです。

なのに、人はなぜ「世界は悪くなっている」と認識してしまうのでしょうか。

理由は多岐《たき》にわたり、それぞれがからみ合って人々の否定的な認識を作り上げ、強化していきます。そうした認識はどんなしくみで根付いていくのか、できるだけわかりやすく説明してみましょう。

快楽に慣れてしまうと……

「世界は悪くなっている」という認識が生まれる理由のひとつは、人間に備わった「快楽適応」という反応によるものです。

快楽適応とは、ある刺激や状況に対して、初めは感動や快楽を感じても、しばらく経つと慣れてしまい、心地よく感じなくなることを指します。

たとえば夏、外の気温は40℃のうだる暑さ。部屋に帰ってくるとエアコンが効いていて、超絶に涼しくて気持ちがいい。でも、しばらく経つとさほど快適さを感じなくなっできます。

それだけならいいですが、**人は快楽を感じなくなると、即座に何らかの不満を見出すようにできています。**

涼しい部屋に入って喜びを感じたことは忘れ、「お腹が空いた」とか「LINEの返事が来ない」とか、不満の種をいくらでも見つけ出します。

人が不満しか見つからなくなるわけ

人間が、良かったことをすぐに忘れて不満の種を探すのは、原始の本能による注意制御機能の歪《ゆが》みから生じる現象です。

ムー大陸やアトランティス帝国などの古代文明が栄えたといわれている理解はさておき、人類史は基本的に「飢餓《きが》、殺し合い、感染症」の連続でした。

外に出れば、殺すか殺されるかの超絶サバイバル。原始時代には人を襲う獣もいたし、自然災害も山ほどありました。外に出れば殺されるのが前提だったのです。

実際に、成人男性の死因の50パーセント（どんなに少なく見積もっても20パーセント）は殺人だったといわれています。古代の遺跡を発掘すると、石をぶつけられて陥没した頭蓋骨の化石がゴロゴロ出てきます。

そういうわけで、**人は自己防衛してサバイバルするために、つねに脅威＝否定的な事柄に注意を向けるという状態が何万年も続きました。**

それだけ長い間続くと、遺伝子がそれを学習してしまいます。ゆえにその習慣は現在まで延々と引き継がれています。

しかし、日本のような成熟国では、日常の中で命の危険にさらされることはまずありません。でも、原始の本能による注意制御機能は、何が何でも脅威を見つけ出すべく暴走します。

そこで人が何をするかというと、**脅威の代わりに不満を見つけるのです。**

「不満は自分を脅《おびや》かす存在。そこに注意を向けるのは生存本能として正しいのだ」と認識するからです。

せっかく受け取った「良いこと」は、快楽適応ですべて帳消しにされます。

たとえば今の日本は、昔よりもはるかに清潔でネットも無料で見られ、美味しいものが食べられて、サービスも空気も水も治安も良くなっていますが、そうした恩恵を受けている事実は頭から消えてしまうのです。

そして、不満につながる情報だけを取り込み、脳の認知機能に不満の情報があふれます。その結果、自分自身にもまわりの環境にも不満だけしかなくなり、世界は悪くなっているると勘違いしてしまうのです。

「世界はこうなのだ」と考えてしまう直感的思考

また、人間には直感的思考というものがあります（瞬時に物事の本質をとらえる「直観力」とは別モノです）。

直感的思考とは、物事を数字や統計で見ることなく、目の前の出来事から「世界はこうなのだ」と感覚的にとらえてしまうことです。

普段からこの直感的思考ばかり使っていると、たとえ自分の目で直接見ていないとしても、さまざまな否定的情報にふれることで、「世界全体がおかしな方向に進んでいる」という認識を持つようになるのです。

SNSが「世界は悪くなっている」を強化する

快楽適応によって、個人的に経験した良いことはすぐ帳消しにする。原始の本能による注意制御機能の暴走で、不満を感じることだけに注意を向け、情報を取り込む。その結果、データ無視の直感的思考で「世界はおかしくなっている」と判断する。

そうやって否定的な方向に偏《かたよ》った認知を、さらに強化するのがSNSです。

SNSの普及によって、地域や国、さらには世界中の情報を、誰でも簡単に取得できるようになりました。しかし、そこで人々が目にする情報は、**否定的なものが圧倒的に多くなっています。**

これは、前述のように、人々が脅威に注意を向けやすいためと、SNSのアルゴリズムがユーザーの興味・関心に合った投稿を優先的に表示するためです。

結果として、否定的な出来事についての情報が次々と表示され、人々の頭の中には災害、事件、犯罪や迷惑行為、物価高など、心配や恐怖をかきたてる情報が大量に入り込んでしまいます。

SNSで自分で自分を洗脳してしまう

SNSの利点を否定するつもりはないですが、SNSによって世界の人々の認識が歪んでしまう現実も無視できません。それは、認知の硬直性がより強まるからです。

特定の信念を持つ人には、それと合致する情報だけが表示されるので、その信念がさらに強固になってしまいます。

たとえば、「闇の勢力が人口削減のためにワクチンを利用している」と信じる人に対しては、それに関連する情報、しかもデータではなく状況証拠だけが次々と上がってくるのです。

インターネットの進化により情報化社会が実現したと言われますが、実際には**情報の狭窄性《きょうさくせい》も強まっています。**かつてはテレビが「洗脳装置」と言われていましたが、現在ではSNSがその役割を担っています。

SNS自体が洗脳しているのではなく、その検索フィルターが非常に優れているため、ユーザーが自ら偏った認知を作り上げてしまうのです。

また、テレビの時代は一方的に流される情報に対して「自分はそう思わない」と反応できましたが、ネット検索は自分の意思で行うため、人は「自分で選んでいるから洗脳されていない」と誤解します。

しかし実際は、検索エンジンのアルゴリズムに支配され、自分自身で自分を洗脳していることに気づいていないのです。

予算が縮小されたテレビ局が否定的ニュースをたれ流す

ＳＮＳに比べればまだマシですが、テレビの影響も見逃せません。

テレビは基本的に「良い出来事や幸せな出来事には商品価値がない」というスタンスで、実際にあまり視聴率がとれないので、否定的なニュースばかり流します。

しかも今のテレビ局は、予算縮小によって番組の取材や制作にお金をかけられません。手っ取り早く視聴率を取るために、何を扱えば一番効果的かというと、殺人事件です。

予算が潤沢だった時代は、殺人事件の報道もあっさりしたものでした。でも今はワイドショーで延々と取り上げます。ブルーシートで覆われた現場を何度も映し、おどろおどろしい音楽を流し、司会者やアナウンサーが悲壮な雰囲気で事件の経緯を語る。そしてコメンテーターが「日本も物騒になりましたね」と締めくくる。

それを見た、統計で物事を把握できない視聴者は「その通りだ！」「日本の治安はどんどん悪化している」「恐ろしい」と考えるようになります。

ところが、実際の統計を見ると、日本の凶悪犯罪は戦後最少になっています。

世のお母さん方は「危ないから外で子どもを一人で遊ばせられない。一人で登下校もさせられない」と言いますが、データで見ると、子どもが危ない目に遭う確率は、今よりもバブルの頃の方がずっと高かったのです。

陰謀論が部分的には当たっている

「世界は悪くなっている」と決めつける短絡的思考において、よく使われる概念が「闇の勢力」です。

やっかいな点は、闇の勢力を設定して作られたストーリーの一部は、真実だということです。それがますます否定的に偏った認知を強化してしまいます。

エプスタイン事件

たとえばエプスタイン事件。アメリカの実業家、ジェフリー・エプスタインが、少女への性的虐待や富裕層への売春あっせん容疑で有罪判決を受けました。陰謀論者たちは、この事件を取り上げて「セレブたちは幼い子どもを虐待し、その脳から分泌されるアドレノクロムを若返りに利用している」と主張しています。

このストーリーの何がおかしいかというと、アドレノクロムに対する認識です。そもそもアドレノクロムに若返り効果などはありません。しかもこれは、人工的に簡単に生成することができる物質です。

もっと詳しく言えば、脳内で怒りを作り出すアドレナリンが酸化したものがアドレノクロム、恐怖を作り出すノルアドレナリンが酸化したものがノルアドレノクロムで、それらが脳内にあふれかえると脳の神経細胞が傷ついて、統合失調症を引き起こす原因になります。そんなものを摂取して若返るはずがありません。

しかし、エプスタインが少女たちを集めて売春島を作り、セレブを性接待したという事実があるのは確か。そこが紛らわしいところです。

CIA、ウイルスなど部分的に当たっている陰謀論

その昔盛んだったアメリカ陰謀論も、部分的には正しいのです。

CIAが自民党の重要政策を決定していたことも、故・安倍元首相の祖父、岸信介氏がCIAの工作員だったことも事実です。

また、「新型コロナは人間が作ったウイルス兵器」「ワクチンで人口が減る」というストーリーも、一部は事実と重なっています。

新型コロナが人工のウイルスで、中国・武漢の研究所がウイルスをいじっていたこともほぼ確定だし、ワクチン接種が始まってからの統計を見ると、日本で心筋梗塞や心筋炎が増えていることや、超過死亡が異常に増えていることも、数字にはっきりと表れています。

そんなふうに、陰謀論は部分的に当たってしまっています。

それゆえに、自分の情報収集能力に自信を持ち、「闇の勢力が世の中をおかしくしている」と主張する人たちがいるわけです。

成長するほど格差が開く資本主義の宿命がある

資本主義の宿命である「二極化」を論拠として、世界が悪くなっていると考える人もたくさんいます。

そもそも資本主義は、成長するほど格差が開くようにデザインされていますが、それで富裕層以外の人たちはどんどん貧しくなるのでしょうか？

違います。**全体が豊かになりつつ格差が開いているという、不思議な世界になっていくのです。**

資本家と一般人の違いを、こんな例で説明してみましょう。

100人が住む村で、僕が家を造る会社を立ち上げたとします。村のみんなは貧乏でまともな家もなくお金もない。そういう状況だと、僕も家を売りたくても売れません。

でも、やがて僕以外の99人が、何かの形でそれぞれ100万円持つことができました。するとみんなは家がほしくなり、僕に発注してくれて、自分の家を持つようになります。資本家の僕には9900万円が入ります。富の99%を資本家の僕が持つことになります。

しかし、これは悲惨な格差ではありません。みんなも家が手に入っているのだから、物質的には豊かになっています。**これが格差の本質です。**

たとえば、これからアップル社がより革新的なスマホを作れば、飛ぶように売れるはずです。アップルの時価総額はより上がり、同社の役員たちと一般の人々の資産の格差はより開きます。最終的には前者が富の99%を握るでしょう。

でも、そのときは消費者ももっと性能のよいパソコンやスマホを手に入れているので、自分たちも豊かになっているわけです。

こんなふうに、実は、格差が開けば開くほど、世界は豊かになっています。

にもかかわらず、人は快楽適応と注意制御機能の歪《ゆが》みによって、はじめは感動したスマホやノートパソコンにも不満の種を見つけます。

動作が重い。電池の減りが早い。誤変換が多い。さまざまな不満を見つけては、手に入れた豊かさの価値を否定するのです。

人が操られている謎の想念形態とは？

思考や発言にも流行があり、人々は無意識にそれらに影響を受けます。

アクセサリー、バッグ、車など、みんなが同じものを持ちたがるのと同様に、思考や発言においても流行は存在します。

それが人々の「世界は悪くなっている」という認識を強めている面もあるのです。

過去に流行した想念形態の例

バブルの頃、「日本の好景気は永遠に続く。10年後は日経平均が10万になる」とみんなが言いました。「EV（電気自動車）の普及で日本の自動車産業がダメになる」と言われた時期もありました。

Windows95が出てきて世界を席巻《せっけん》した時には「マイクロソフトの繁栄は永遠に続く」と言われたし、ヤフーが出てきた時も同じように言われました。「世界のソニー」も躍進はずっと続くと思われました（マイクロソフトは復活しましたが）。

古くはIBMも「IT業界の巨人」「世界最強」と言われ、今のGAFAM（グーグル、アマゾン、フェイスブック、アップル、マイクロソフト）以上の存在だったのです。

今振り返ると、どれも一時的な熱狂だったことがわかります。バブルは弾け、EVは数々の欠点があり普及は頭打ち、マイクロソフトとヤフーはグーグルにしてやられ、ソニーはアップルに完敗しました。でも、それらがもてはやされた時期には、否定的な未来を想像する人はほとんどいませんでした。

人々が似たような思考に染まるのは、マーケティング会社や広告会社のしかけもありますが、大半の場合は、人を動かす謎の想念形態が出来上がり、それに人間が操られているのです。

ホログラフィーに否定的な想念形態ができている

最近また、終末論が流行っています。

大地震や新たなパンデミック、第三次世界大戦、預金封鎖、食料不足、太陽フレアによる電子機器の異常など、危機感を煽《あお》るさまざまな情報があふれています。

しかし、それらを発信する人たちも、その多くは流行の想念形態に影響されていて、それを自分の直観だと勘違いしているのです。

人間が簡単に知覚できるような想念形態は、物質次元に近いところにあり、共鳴しやすく情報としてもとらえやすい。そのため、それを無意識に「自分の思考や直観」として受け取ってしまうわけです。

水子《みずこ》の霊なども同様で、現実には存在しないのですが、社会通念としては昔から存在しています。お坊さんや霊能者など、「水子の霊はある」と認識している人たちがいて、お腹の子が流れてしまったことで罪悪感に苦しみ、成仏してほしいと願う女性たちがいるので、そういう価値観が社会に受け入れられてきたのです。

その結果、ホログラフィー上に「想念形態としての水子の霊」が出現します。

多少の霊的能力がある人だとその存在を感じ取れるので、そういう人たちが水子供養や浄霊を行なったりするわけです。

否定的な感情が発生するホログラフィー構造のしくみ

私たちが住むこの物質次元は、ホログラフィー構造によって形成されています。

この世界の根源的構造

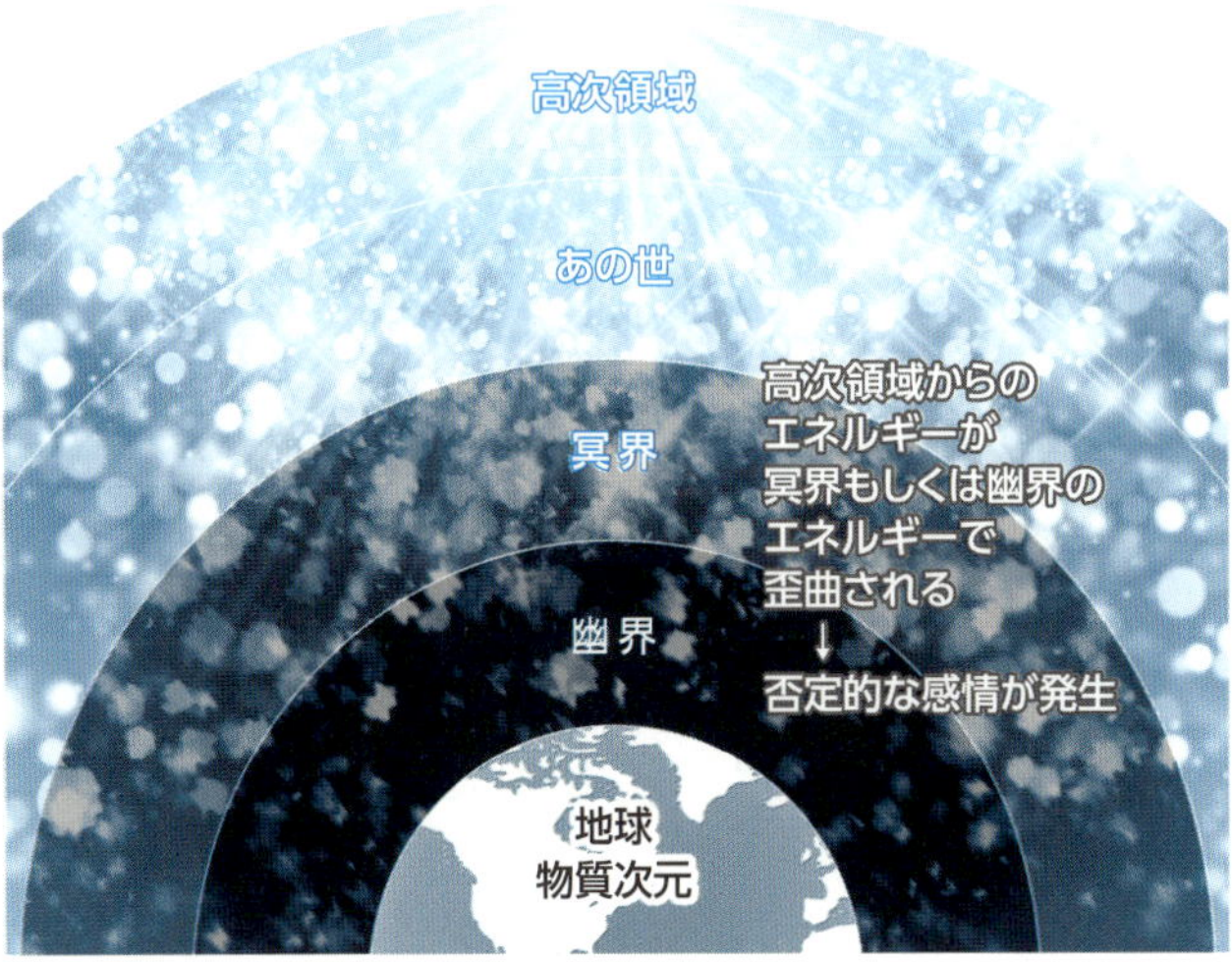
高次領域
あの世
冥界
幽界
高次領域からのエネルギーが冥界もしくは幽界のエネルギーで歪曲される
↓
否定的な感情が発生
地球
物質次元

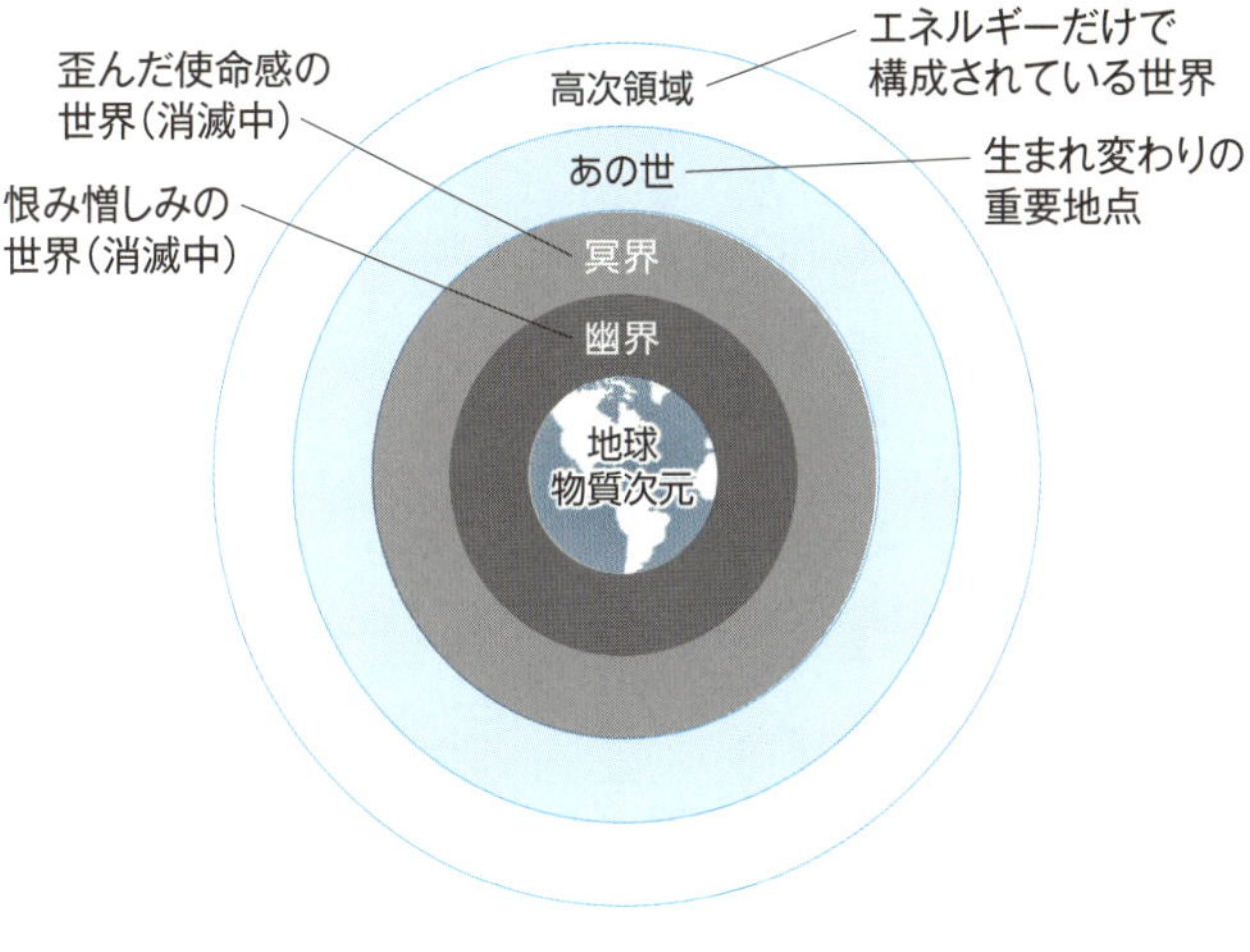
高次領域
エネルギーだけで構成されている世界
あの世
生まれ変わりの重要地点
冥界
歪んだ使命感の世界（消滅中）
幽界
恨み憎しみの世界（消滅中）
地球
物質次元

高次領域からエネルギー情報が投影されて、物質次元、あるいは自分たちの体、心がつくられているのです。

ホログラフィーについては、映画館にたとえるとわかりやすいでしょう。

映画館には映写機があり、そこから光情報が発信されてスクリーン上に映し出されます。この映写機にあたるのが高次元で、高次元から投影されるエネルギーが映写機からの光情報、物質次元がスクリーンにあたります。

宗教や哲学ではよく「この世は幻」と言われますが、それはこのホログラフィー構造のことを表現しているのでしょう。すべては投影であって、投影がなければこの現実世界はありません。つまり、この世界は実体のない世界なのです。

よいものだけで構成されている高次領域からエネルギーが投影されているのだとしたら、この物質次元は極楽浄土の世界になるはずですよね。でも、現実を見たらこの有り様です。戦争があり、災害が起こり、事件や事故はひっきりなし。

なぜ、このようなことが起こるのでしょうか。

それは、高次領域からのエネルギー情報投影が、**冥界《めいかい》もしくは幽界《ゆうかい》のエネルギーに歪《わい》**

曲《きょく》されてしまっているからです。


冥界、幽界のせいで、高次領域のエネルギーが複雑に変換されてしまいます。

こうして、この世界に否定的な感情が発生してしまうのです。

実際は良くなっていることもたくさんあるのに、人間が作り上げた流行の想念形態に共鳴することで、多くの人々がネガティブな未来を予想してしまうのです。

「2025年7月に大災害が起こる」という洗脳

テレビと同様、YouTubeでも、「よくない情報」を誇張して取り上げた動画が目立ちます。否定的な話題の方が再生回数を稼ぐことができ、広告収入が増えるからです。

たとえば「2025年7月に大災害が起こる」系の動画が人気を集めると、一気に同じような動画が増えていきます。

そこに検索フィルターが加わって、こうしたネガティブな予言を何度も目にすることで、「世界はどんどん悪くなっている」と思い込む人が一定数いるようです。**人には、「これはこのまま進んでいくだろう」という直線思考があるため、今の自分の認知を元に、「世界はこれからも悪くなる」と信じてしまうのです。**

そういう人々の思考がホログラフィー上に想念形態を作り出し、その想念形態をリーディングした霊能者や占い師たちが、さらにネガティブな予言を流します。まさに悪循環です。

彼らは実際に非物質次元にある想念形態を見ているのですが、それは偏った認知から生まれたものなので、結局は誤った霊視にしかなりません。

それらは物質次元に近いところにある想念形態なので、ちょっと直感力のある人間は簡単に読み取れるし、映像をイメージできたりします。

実際は想念形態に操作されているのに、「自分が学んで分析した結果だ」と思い込み、予言として世間に発信してしまうのです。

その結果、自分もまわりも、未来への不安や恐れしかなくなります。

大災害が起こる
世界はどんどん
悪くなっている
これはこのまま
進んでいくだろう
世界はこれからも
悪くなる
想念形態
世界はこれから
さらに悪くなっていく

認知バイアスという罠

過去にも世界が終わる系のさまざまな予言がありましたが、それらもまた流行の想念形態を感じ取ったにすぎません。

そもそも天変地異は地球の周期的な現象なので、あって当然です。統計を見れば、むしろ戦前とか大昔の方が派手な災害が発生していたことがわかります。

何より、この世界には確かに悪いこともありますが、以前より良くなっていることもたくさんあります。なのに、それらの予言は良くなっている面については何一つ触れません。思い切り認知バイアスがかかっている証拠ではないでしょうか。

良い社会政策は、ほとんどが不愉快

良い世の中をつくるには、良い社会政策が必要です。でも、それがなかなか実施されないのはなぜか。良い社会政策は、多くの国民にとって、直感的には不愉快で耳ざわりなものばかりだからです。

政治家は国民の不興を買うと選挙で落とされるので、やれば効果的だとわかっている政策でも、あえてやろうとしないのです。

その代表が「終身雇用の撤廃」です。

「日本人は給与が上がらないから貧しい」と言われる原因は、終身雇用を守っているからです。給与を上げたいなら終身雇用を撤廃し、いつでも従業員の首を切れるようにすればいいいだけです。

それにはもちろん、解雇する場合は手厚い金銭的な補償と、年齢性別に影響されない流動的な労働市場が絶対条件になります。そして、解雇規定も撤廃する必要があります。

そうなれば、企業側には人を雇うリスクがないので、働く意欲と能力のある人は高い給与で雇用されます。結果として働く人たちの給与が上がります。でも、もしこれを実施しようとすれば国民の猛反発を食らうでしょう。

企業が倒産しないかぎり定年まで正社員を雇う終身雇用制は、実際は社会主義政策です。それを資本主義に取り入れているから、まともに給与を上げられないのです。

そのため、実際の世の中は豊かになっているのに働く人の所得が増えず、不満を抱える人が増えていきます。

そういう人はSNSでも大量のネガティブな情報に触れるので、「自分は安月給で働かされて資本家たちが儲けている、社会がおかしい」と考えるようになっていくのです。

解雇規制が緩和されれば給与が上がり、技術革新が進む

今の日本の給与は、本当は上がっていますが、他の成熟国よりも給与の上がり方が鈍《にぶ》いというのが実態です。

「どんどん昇給した時代もあったじゃないか」と思うかもしれません。でもそれは、高度経済成長期の話です。当時も解雇規制がきついにもかかわらず、給与が上がり続けたのは、戦後のベビーブームのおかげです。

団塊の世代と呼ばれる彼らが労働力となって経済成長を支え、いわば人口ボーナスで経済成長できたようなものです。あの頃はそういう非常に特殊な時代だったので、今とはまったく状況が違います。

しかし、最近の政府は人材の流動化に向けた施策をさかんに行なっていて、そこでは解雇規制の緩和も視野に入っています。

ある程度成熟した国で解雇規制が厳しすぎると、働いても給与がなかなか上がりません。そして資本主義の常としてインフレが起こるので、昇給の幅以上に物価が上がり、年金や保険などの社会保障料も上がります。それが人々の生活を圧迫し、よけいに閉塞《へいそく》感が生まれているのです。

でも、解雇規制がゆるくなれば雇用リスクも減るので、給与は上がります。

そして、国の援助でやっと生き永らえているような「ゾンビ企業」を生かしておく必要もなくなります。国がそうした企業を守っていたのは、社員を簡単に解雇できないためにしかたなくゾンビ的な分野を残して仕事を作り、組織の一員として食べさせていた面もあるのです。

ゾンビ企業の何が問題かというと、国が補助金を出して税金がムダになるだけでなく、産業全体の新陳代謝がうまくいかず、技術革新もできなくなってしまうことです。

また、技術系企業の現在の主流は水平分業型です。ＰＣメーカーを見ればわかるように、自分の所で要素技術をつくり、足りない技術はよそから調達するのが原則です。

垂直統合型でやっていて解雇規制が厳しいと、時代遅れとなっている技術部門を解散させることができないのと同時に、水平分業において必要な要素技術を開発するために必要な新しい人材やチームを迎え入れることができず、イノベーションを起こせなくなります（厳密にはイノベーションと技術革新は違います）。

しかし、解雇規制がゆるめばチーム編成も自由に切り替えられるので、結果としてイノベーションも起こしやすくなります。

昔を美化して自尊心を保持したい欲求

世の中が悪くなっていると考えている人、そして陰謀論者は、昔を美化する傾向があります。

『ALWAYS 三丁目の夕日』のような映画を観て、「おおらかで良い時代だった」と懐かしむ人もいますが、昭和と今を冷静に比べてみれば、それは幻想だとわかります。

要するにいいかげんな世の中だったのです。犯罪は今よりも多かったし、人々の仕事のやり方も雑でした。

「今の日本は窮屈《きゅうくつ》」と言いますが、だからこそ電車は定時発着するし、郵便も宅配も期日通りに届きます。街にはゴミがほとんど落ちていないし、役所も昔より親切。女性が夜中にひとりで歩けるくらい治安が良い。我々は、昔よりもはるかに快適で自由な暮らしを手に入れているのです。

「明治は素晴らしい時代だった」というのも幻想です。すごい面もありましたが、よくない面もたくさんあったのです。確かに根性のある人はいたけれど、同時に、すさまじく乱暴な時代でした。日本人が発揮する高度な正確性やおとなしさは、日本古来のものかというと、そんなことはありません。明治の頃に生きていた人たちはいろいろな面で雑な行動をとっていたし、けんかっ早かったし、欧米よりも資本主義が徹底していました。

終身雇用は戦後20～30年してようやくできた制度で、明治時代の日本は今のアメリカよりも転職が激しかったのです。

自分の心を救おうとする心理

それでも「昔は良かった」という思想に共鳴する人が多いのは、サンクコスト（埋没費用）効果によるものです。

サンクコストとは、これまで自分が費やしたお金、時間、労力などを意味しますが、人には、「自分が投資したものがムダになるのを避けたい」という心理があります。

いまさら過去を取り戻すのは無理なので、「過去には意味があった」と認識することで、自分の心を救おうとするのです。

そこで、昔の特定の良かった部分だけをとり上げたり、記憶をすり替えて、そうでもないことまで「良かったこと」にしたりするわけです。

実は、サンクコストも防衛本能から生じるもので、それはそれで意味があります。

サンクコストの意識がないと、人は自分が苦労して得たものでも、他者に求められれば簡単に手放してしまいます。それによって富の収奪が起こり、ずるい人間だけが生き残るからです。

それはともかく、多くの人には「現状の良いことは否定して、過去の悪かったことに目をつぶり、多少良かったことを過大評価する」という謎の認知があります。

これは、**「昔を美化して自己肯定につなげ、それを自分の支えにしたい」という人間の根強い欲求と、深くかかわっているのです。**

先住民への幻想

資本主義の悪い側面だけを見ることも、「世界が悪くなっている」という認知が出来上がる原因ですが、反資本主義者の主張を後押しするのによく使われるものがあります。

それは先住民の言葉です。その内容は、おおむね次のようなものです。

「我々は文明に浸らず、お金を持たず、競争せず、自然と一体となって暮らし、必要な食料だけを手に入れ、余ればみんなで分かち合って生きてきた」

それを聞いて感動した人たちは、「資本主義が機能していない昔はみんなが仲良く、人が人らしかった。今は資本主義が世界を覆い、人は自分の利益ばかり追求している。それによって自然環境が破壊され、こんな世の中になった。資本主義はおかしい。こんな世界は狂っている」と考えます。

しかし、ここであらためて考えてみましょう。

先住民は、本当に争いのない、自然と一体となった生き方をしてきたのでしょうか？

彼らは本当に、資本主義とは真逆の世界をよしとしてきたのでしょうか？

「シアトル酋長の演説」の舞台裏

1854年、アメリカ大統領が先住民のドゥワミッシュ族に土地の買収交渉を行った時、シアトル酋長は次のように語ったとされています。

「空をどうやって売買できるというのか。土地を？　私たちにはそんな考えはわからない……この地上のすべては、私たち部族にとっては聖なるものだ。輝く松葉の一本一本、浜辺の砂粒の一つひとつ、暗い森に立ち込める霧のすべて、草原、ぶんぶん羽音をたてる虫たち……（中略）大地は人のものではない。人が大地のものなのだ」

感動的な演説ですね。

しかし、実は、この言葉は白人の脚本家が、1971年のアメリカのテレビドラマ『ホーム』のために書いたセリフであり、フィクションです。

シアトル酋長がこんなことを語ったという記録はなく、実際に交渉の場に居合わせた人物は、のちに「彼は大統領に感謝し、土地を売ることに乗り気だった」と証言しているのです。

また、同じ頃、アメリカの自然保護のキャンペーンで〝自然破壊に涙する先住民〟の写真が広告に使われて評判になりました。広告に登場した男性は、その後映画やドラマで先住民役の俳優として活躍しましたが、実は彼のルーツはイタリア系。アメリカ先住民の血はまったく引いていませんでした。

さらに考古学的な証拠から、アメリカ先住民も、他の人間集団と同じように、自分たちが生きるために、多くの動植物を絶滅に追いやったこともわかっています。

以上は、アラン・S・ミラーが、著書『進化心理学から考えるホモサピエンス』の中で暴露している事実です。

要するに、「先住民は環境に優しい」というのは作られたイメージであり、大ウソだったのです。

「昔の人は自然を大事にしていた」のウソ

アメリカ先住民に限らず、昔の人はみんな仲良く暮らし、自然を大事にしていたかというと、そんなことはありません。

そもそも原始時代は誰もが殺し合いをしていました。先住民の間でも、農業を始めてから土地の奪い合いで戦争が起こったし、土地の連作問題や栄養失調問題、大規模な森林伐採なども引き起こされました。

あの空海も、実は自然主義とは反対の立場でした。宗教家としての精神面での貢献が注目されていますが、彼の現実的な最大の貢献は、治水事業だったのです。

当時は河川や池の氾濫《はんらん》がたびたび起こり、人々は水害や疫病《えきびょう》、田畑の損傷による飢《き》饉《きん》で苦しんでいました。

そこで、頭脳明晰《めいせき》な彼は、現在でいうダムの設計書を書いたのです。今でも語り継がれているのが讃岐国（現在の香川県）の満濃池の工事で、これにより水害を大幅に減らすことができました。

「自然のままでは苦しいから、自然を破壊して人間を守る」というのが空海のスタンスだったのです。

異常気象や災害が増えているという誤解

地球環境が破壊され、異常気象や災害が増えている。だから世界は悪くなっている。と主張する人たちも多いです。

実際はどうかというと、山火事は1970年に比べて3分の1に減っています。災害死者数は、1930年は97万1千人だったのが、今は7万2千人です。脱自然化によって、災害死者数を大幅に減らすことができているのです。

環境問題、地球温暖化、異常気象については、第5章で詳しく書いているので、そちらも参照してください。

地球は最大のDV母ちゃん

母なる地球と言うけれど、そもそも地球が私たちに何をしてきたかというと、異常な暑さ、異常な寒さ、大災害など、過酷な環境のオンパレード。もう虐待レベルです。

地球はいわば、最大のDV母ちゃんなのです。

こう言うと「いや、地球からの警告なのだ」とか「浄化のためだ」とか言う人がいますが、とんでもない。原始の時代から同じことが起こっています。

その時から今まで、地球はずっと浄化中なのでしょうか。

洪水、火災、大地震、灼熱、極寒、ポールシフト（磁極の逆転）、飢餓《きが》、感染症、毒のある植物、毒虫。これが地球です。

逆に、地球環境が過酷だったからこそ、人類はおかしくなったともいえます。

今でも、人の意識は環境次第で変わります。気温があまりに高いと変になるし、秋になって金木犀《きんもくせい》が香れば、フワッとした気分になりますよね。

人類史がなぜ殺し合いでしかなかったかというと、結局は食料が足りない状況で生きてきたからです。十分足りていれば、殺し合いなど必要ありませんでした。地球が十分な食料を作れる環境ではなかったために、戦争になっていたのです。

というわけで、地球環境は元々、人間にとって大変過酷なものです。資本主義の発展もかつては環境の悪化をもたらしました。しかし現在は、逆に環境を回復させる方向に進みつつあります。近年の統計を見ても、以前よりも自然災害が増加したり、激甚化している傾向はみられません。

「地球環境が悪化しているから異常気象が増えた。だから世界はおかしくなっている」という考えも、実はそのようなストーリーありきで発信される情報に影響され、認知バイアスがかかってしまった結果なのです。

反資本主義者の言葉は甘美である

資本主義を否定する人々の中には、マーケティングに長《た》けた人もいます。

その結果、「資本主義は悪いものだ」と認識する人が増え、資本主義イコール現代社会なので、「現代社会はおかしい」という考えが広まっている面もあります。

その一例に、1990年頃の筑紫哲也氏の言葉があります。彼がニュース番組の締めでこんなふうにコメントしたのを、僕は今でも覚えています。

「株式というマネーゲームに、いつまで人は翻弄されるのでしょうか。こんな数字上のゲームに過ぎないことで、人の生活や命が脅《おびや》かされていいのでしょうか。この資本主義は本当に正しいのでしょうか」

ここだけを聞くと「その通り」という話になるし、「昔の日本はもっとよかった」という錯覚に陥《おちい》ります。

しかし、資本主義前期、とくに１９７０年代までの日本はどうだったかというと、深刻な公害、増え続ける交通事故、街は汚い。通勤電車は想像を絶するすし詰め状態。セクハラ、パワハラ、差別、日常的な暴力も当たり前。もう、地獄のような社会だったわけです。

でも今は、資本主義による技術革新がいろいろな問題を軽減し、以前よりも住みやすい社会になっています。株式のおかげで低リスクで資本を集めることができ、社会を改善するための技術が進んだのです。

しかし、このしくみを知らない人は、「株式はマネーゲームである」「資本主義はおかしい」と思い込んでしまいます。

資本主義の本質に対する誤解

また、「競争して、誰かを倒さなければ生き残れない社会は正しいのか」という主張もありました。

これは確かにつらい状況ですが、現代ではたとえ負けても命を奪われるわけではなく、別の道を模索できます。そして、競争によって欠乏を解消する新しい技術が生まれ、その繰り返しで世界がだんだんよくなっているのも事実です。

人間社会は今も狂っている側面があるし、地獄がすべて消えたわけではありません。しかし、資本主義は最終的に競争がなくなる方向へと進んでいます。

競争によって新しい欠乏を解消する技術が生まれて世界全体がよくなっていく、この連続です。最終的には、働かなくても欠乏することがなくなり、競争がなくなります。

だから、資本主義の本質は脱競争なのです。

資本主義は脱物質主義

反資本主義の人々は「地球が資本主義という欲望ゲームで壊されている」とも言います。でも、実は、**資本主義のもうひとつの本質は、脱物質主義です。**

したがって、資本主義が進めば進むほど、環境は回復していくでしょう。

なぜなら、そこに「他者に貢献しないと欲望を満たせない」という構図ができるからです。つまり、金持ちになりたいなら、良い商品やサービスを作ることが必須になる。

もうひとつ、「良い商品イコール環境への負荷が少ない」という時代になっています。

負荷を少なくするどころか、環境を回復させることが可能な技術が登場しています。

欲望が人を喜ばせ、欲望が地球環境を回復させる。

したがって、大きな面ではやはり資本主義は正しく、世の中は良い方向に向かうと言えるのです。

戦死者は一貫して減り続けているという事実

ロシアとウクライナの戦争で気持ちが沈み、「この先、良い未来が来る気がしない」という声もあるようです。

しかしそれも、統計で見ないで、現象だけを見ていることから生まれる認識です。爆撃で破壊された建物や泣き叫ぶ人々など、映像で見る心痛む光景と、実際の被害の度合いは比例しないのです。

1942年の戦死者は10万人あたり201人だったのが、2015年の戦死者は10万人あたり1人です。波はありますが、戦死者は基本的に一貫して減り続けています。

現代よりも昔の方が、絶望を感じていい世界だったのです。

でも、人は前述のように「このまま進む」という直観的思考を前提としているし、ネットの検索フィルターバイアスもあるので、目の前に出てくる情報だけを見て未来を悲観してしまいます。

では、日本で殺人が減っていることには希望がもてないのでしょうか？

こう指摘しても、認知バイアスがかかっている人は、「実は、世界では見えないところで悲惨なことが起きている」と、暗数の概念を出してきます。認知されない、統計に表れていない出来事がたくさんあるというのです。

それについてはツッコミどころが2つあります。

暗数については、これでもかというくらい反証データが出ています。

それに加えて、公開されているデータでさえよく知らないのに、より複雑で範囲が広すぎる世界のことを「こうなのだ」と一瞬で断言できるのか？　ということです。

本能的に他者と自分を比較する（比較と格差）

「国民は大変なのに、政治家は高い給料をもらって経費も使い放題だ」「インスタはセレブ自慢の投稿ばかりで気分が悪い」

自分と他者を比較して格差に気づき、理不尽だと感じることも、「この世界はおかしい」と認識してしまう理由のひとつです。

超絶サバイバルの世界だった原始時代、人間は一人では生きていけないので、なるべく集団でいる必要がありました。

でも、一度集団の中に入れば安泰かというと、それも違いました。集団の中で能力が劣った存在は、最終的に追い出されてしまうという恐怖から、つねに自分の能力やポジションを他人と比較しないといけなかったのです。

そして、自分が存在価値を発揮できる部分を見出し、それを演じることで集団の中に居場所を見つけ、生きながらえていました。同時に、まわりに必要とされることで自尊心を満たしていました。

そのため、今でも延々と他人と自分を比較しています。

これは**人類の根源的なクセなのです。**

そのしくみが働いて、格差の拡大に目が向いているのです。

「富裕な人間たちはこんなに贅沢しているのに、自分はこんなに質素な生活だ。これを作った社会はおかしい。世界はおかしくなっている」というわけです。

第2章

ディープステートは こうして生まれた

いわゆるディープステートとは、「アメリカ政府の一部、そして金融界・産業界が形成する秘密のネットワーク」と言われるもの。略してDS。闇の政府、影の政府とも呼ばれています。

その存在は、なぜ、いつから注目されるようになったのか。

そして、DSが世界をおかしくしている闇の勢力だと信じ、情報収集と情報発信に忙しい陰謀論者たちは、自らの信念をどのように作り上げたのか。

以上の2点について考察していきます。

トランプの選挙戦略に「打倒DS」が組み込まれていた

2016年のアメリカ大統領選挙でトランプ氏が当選したのは、ホワイトトラッシュやプアホワイトと言われる白人の貧困層を大きな票田にできたことが、最大の要因です。

トランプ氏は、彼らに「あなたたちが貧しいのはDS（ディープステート）のせいだ」と明言しました。彼らと共通の仮想敵を作ったのです。

そして、「私たちはＤＳに勝ち、白人本来の伝統的な生き方、権利、豊かさを取り戻さなければいけない」と主張して当選しました。


裏話をすると、彼は当時、選挙に勝つために、民間の情報操作会社と組んでフェイスブック内の情報に相当手を加えています。

そうやって「ＤＳ＝闇の勢力はある」という情報にリアリティを持たせ、広めることに成功したのです。

２０２０年の選挙でバイデン氏に負けたのは、その時はそうした工作を行なわなかったからだともいわれています。

黒人、移民優遇によるアメリカ白人の怒り

確かに、アメリカは黒人をあまりにも優遇しすぎたため、相対的に一部の白人が黒人より貧しくなっている面もあります。

それでも国民全体として、以前より豊かにはなっているのです。

しかし、彼らは超富裕層と自分たちを比べることで、かつ快楽適応も手伝って「自分はみじめだ」と感じています。自分を取り巻く環境への不満や怒りを感じ、「世界がおかしくなっている」と思い始めます。

そこにうまくハマったのが、トランプ氏の「打倒ＤＳ戦略」だったのです。

資本主義の本質を理解しない日本人の怒り

「上位1パーセントにあたる最富裕層が、世界の全金融資産の約40パーセントを握っている」(世界不平等研究所の調査)というデータもあります。こうした情報に触れて、日本人にも「こんな世の中はおかしい」と怒っている人は少なくないようです。

格差を理不尽だと感じるのは、「一部の富裕層が富を寡占《かせん》すればするほど、実はそれ以外の層も豊かになっていく」という知識が欠落しているからです。

そのため、直感的な倫理観として「独り占めはよくない。なのに、ますます独り占めがおこっている。だから世界はおかしくなっている」という認識が生まれるのです。

それでも、そういう認識を持つところまではよしとしましょう。

問題はそこから先です。

ストレスを減らすための「速い思考」

人は、「なぜ」という原因がわからないと、気持ち悪さを感じます。

そこで世界が悪くなっている原因を探そうとしますが、それにはとんでもなく頭を使う必要があります。

しかし、人は、防衛本能上エネルギーの消耗は避けたいので、なるべく頭を使いたくない。もしくは危険が迫っている時にじっくり考えると命が危なかった歴史があるので、手っ取り早く結論を出したい。

そこで、努力のいらない**「速い思考」**（感情や固定観念などによる無意識的な思考）を優先させてしまいます。

そうやってパッと浮かぶ考えは論理性に欠けるし、間違えていることも多々あります。

そして人間の脳には、速い思考を遅い思考（吟味された論理的な思考）によって修正する能力もあるのですが、一部の人たちはそれが不得意です。

その結果、「この世を操っている何者かが世界をおかしくしているんだ」という短絡的思考を用いて、そこにDSの情報を組み合わせ、「その何者かはディープステートだ」と結論づけてしまうのです。

自尊心の救済のため

陰謀論者たちは、「世界が悪くなっている」という前提に立つ方が自分にとって好都合です。

その理由の1つめは、それによって自尊心を保てるから。

「今の自分のふがいない状況は世界のパワーゲームによって起こされているのであって、私は悪くない」と思えるからです。

２つめはリセット願望です。早くこの人生を終わらせたいけど、自決するのはちょっと厳しい。だから世界がおかしな状況になって、不可抗力で命が終わってほしい。

世界の破滅を望んでいるのは、実はその人自身なのです。

無傷のヒーロー願望を達成したい

陰謀論が生まれる背景には、ヒーロー願望もあります。

悪の存在がいる、または世界が悪いという前提で自分がヒーローになって人を救う。「そんな世界に立ち向かう自分」に酔っているのです。

漫画に出てくるヒーローも、「悪人」と「困っている人」がいるからこそ活躍できるのであって、そうでなかったら単なるニートですよね。

「闇の勢力と戦う」という人たちには２つの特徴があります。

1つは、ただ単にネットに文字を書いているだけであること。

もう1つは、そういうことを書いても、絶対に攻撃を受けないとわかっていること。

本当に世の中の理不尽さと戦うなら、まず自分の雇い主に文句を言えばいいと思うのですが、彼らは絶対にそれをしないのです。

陰謀論者への疑問、あるいは彼らの持つ矛盾点の数々

ここでは、陰謀論者たちが主張していた、「闇の勢力による数々の陰謀」が、その後どうなったのかについて、疑問を投げかけたいと思います。

◆「5Gによって人間の脳が操作されてしまう」という「真実」は？
「新型コロナワクチンを打つと金属が体にくっつくようになる」という「真実」はどうなったのでしょうか？

◆毎年毎年「金融リセットが実施される」と言っていますが、それがまったく実現しないことについてはどう考えているのでしょうか？　「これから絶対に金融リセットがある」と言いながら、貯金を手放していないのはなぜなのでしょうか？

◆2021年には、SNS（当時のTwitter）にこんな情報を流した人がいました。
「トランプが国家緊急事態宣言を発表。米国南部国境一帯に人民解放軍25万人、カナダとアメリカの国境に人民解放軍7万5千人、メキシコとアメリカの国境に人民解放軍17万5千人がおしよせた」

本当なら大変な話ですが、これはその後どうなったのでしょうか？　そうした事実があったという報道も、裏づけになるデータも一切見つからないのですが。

◆トランプ氏が現在「共和国大統領」になっていると主張する一派があります。それなら、彼が2024年の大統領選に立候補したことをなぜあんなに喜んだのでしょうか？

前回の選挙終了直後の混乱期、月に1度は「トランプが正式な大統領に再選した」と喜んでいましたが、それは何が根拠だったのでしょうか？　その総括は済んでいるのでしょうか？

◆何十年も前から「着々と人口削減が進んでいる」と言いますが、実際は人口が増えていますよね。アフリカではまったく少子化が進んでいません。これについてどう説明するのでしょうか？

◆ＴＰＰ（環太平洋パートナーシップ）協定が発足した時は、「署名すれば日本経済はアメリカに支配され、市場がめちゃくちゃにされる」と主張して大反対していました。でも、アメリカはとっくにＴＰＰから離脱しているので、そういう筋書きは成立しません。そもそも現在のＴＰＰがどんな形になっているのか、きちんと説明できるのでしょうか？

◆「日本人の給与が上がらない」と怒っている陰謀論者は、解雇規制を緩和すればおのずと給与は上がるのに、そのことは言いません。現役世代の生活を圧迫している、高すぎる社会保障費についても何も言いません。なぜなのでしょう？

◆世の中が良くなっている側面については、一言も口にしないのはなぜでしょう？

要するに僕が聞きたいのは、陰謀論者たちは、ここに挙げたような自分たちの間違いや矛盾について総括したのかどうか、です。

そういう形跡は見当たりません。もちろん彼らは訂正も謝罪も行ないません。にもかかわらず、「自分たちは真実を知っている」と言い、かつ今も「真実を公表する」と言って根拠のわからない情報を流し続けている。

彼らが、そういう自分たちの言動を客観視できる日は来るのでしょうか？

第3章

日本と世界はこれだけ良くなっているという実例

20世紀は、史上最も戦争と殺人の少ない世紀になりました。

この章では、過去に比べて日本と世界がどれだけ良くなっているか、統計からデータを示せるものを列挙しています。

これらの数字を見ることで、これまで君が抱いていた、自分を取り巻く現実に対するイメージは少なからず変わることでしょう。

日本編

交通事故死……1970年1万6千人⬇2020年2839人
殺人の検挙数……1954年3018人⬇2021年874人
少年殺人の検挙数……1960年10万14人⬇2015年62人
暴走族……2003年1万7704人⬇2013年5817人

この他、明確な数字は出しにくいものの、過去に比べて明らかに減っているネガティブな現象の例は次の通り。

・女性へのセクハラや性被害
・パワハラ
・性的少数者への差別
・教師による生徒への体罰
・役所や医師などの塩対応
・公害による河川や海の汚染
・タバコのポイ捨て

84ページでも少し解説しています。

世界編

次は、世界全体ではどんな変化があったのかを見てみましょう。
矢印の後ろに書かれた数字は、いずれも2015年現在のものです。

戦争死者……1942年10万人あたり201人⬇1人
食料不足問題……1961年1ヘクタールあたりの生産量1・4トン⬇4トン
世界の貧困……1800年85%⬇2017年9%（直近20年で半分に減少）
平均寿命……1900年まで30歳⬇71歳
山火事……1970年代の3分の1
石油流出事故……1979年は63万6千トン⬇6千トン
HIV患者……1996年100万549人⬇241人

児童労働……1950年世界の児童の28％⬇10％
核兵器保有数……1986年6万4千⬇1万5千
天然痘……1850年148カ国⬇ゼロ
飢餓……1970年世界人口の28％⬇11％
オゾン層……1970年166万3千トン⬇2万2千トン（2016年）
災害死者……1930年97万1千人⬇7万2千人
合法の奴隷制度……1800年193カ国⬇3カ国
乳児死亡率……1800年44％⬇4％
飛行機事故……1929〜1933年2100人死亡⬇1人死亡（2016年）
※100億旅客マイルあたり
大気汚染……1970年38kg⬇14kg（一人当たりの二酸化硫黄排出量）
鉛ガソリン……1986年193カ国⬇3カ国

人口増については、どんなに増えても110億人が限界とされています。

専門家の間では「大人（成人した人）の数が増えているために人口が増えている。子どもの数は横ばい」と言われています。

日本人は心を失ったのか？　30～40年前との比較

「今の日本人は心を失った」と言う人がいます。

昔の日本人はもっと思いやりがあり、人情にあふれ、人間らしく生きていたと言うのです。でも、本当にそうなのでしょうか？

30～40年前の日本を調べてみると、悲惨な状況、出来事が多かったことがわかります。その頃には当たり前のように存在し、今はなくなっている、あるいは激減しているネガティブな状況や出来事を書き並べてみます。

女性蔑視、セクハラ、性被害……女性の人権が無視される場面が多々あり、「社員旅行でのお酌は当たり前」という風潮、「セクハラは女性に原因がある」という誤った観念から、セクハラの被害が後を絶たなかったが、今は女性の人権や性的自由が以前よりも尊重されるようになった

パワハラ……かつての職場では、「上司が部下に灰皿を投げる、怒鳴る」などの行為は当たり前だったが、今はパワハラとして社会的制裁を受ける

教師の暴力……生徒指導や部活で生徒を殴るのは当たり前、水飲み禁止などの謎のルールの強要もあったが、今は激減している

公害……汚染されていた東京湾がきれいになり、荒川にもドジョウが戻ってきている

学生運動……大学生が大学構内に立てこもり、罪のない警官を鉄パイプで殴ったりする事件が起こったが、今は学生運動そのものが存在しない

タバコのポイ捨て……80年代はタバコのポイ捨ても当たり前だったが、今は街中でゴミを見つけるのが難しくなっている

役所の対応……高圧的だったが低姿勢になった

医師・歯科医師の対応……インフォームドコンセントなし、「やってやっている」と

いう上から目線の対応が多かったが、丁寧な対応に変わった

性的少数者への差別……同性愛の人間はからかわれたり、差別的な扱いを受けていたが、今はそうした場面は激減し、カミングアウトもできる状況になった

第4章

日本が超大国へと返り咲く理由

悲観論者たちは日本経済の衰退をしきりに言い立てますが、これも心配する必要はありません。日本には、再び超大国へと返り咲く未来が待っているのです。

IMF（国際通貨基金）によれば、2024年の日本の名目GDPは、2023年に続いて世界第4位になる見通しです（1位はアメリカ、2位は中国、3位はドイツ）。

これを取り上げて、日本の経済的地位の低下を憂える声が多いですが、名目GDPは単なるひとつの指標に過ぎません。

視野を広げ、世界の国々や先進企業の動向を見れば、刻々と日本に有利な状況になってきているのがわかります。

これから、日本が超大国へと返り咲く理由をひとつずつ説明していきましょう。

日本は超大国へと返り咲く

1　中国の衰退

中国の衰退が、なぜ日本の超大国への返り咲きに好影響をもたらすか。

その理由は、製造業の日本国内への回帰につながるからです。

これは、経済学者からすれば異論反論、含みがあるのは承知のうえで言っています。

日本が不況になった、あるいは生産性が落ちた原因は、中国に工場を移して生産性の低いホワイトカラーが国内に増えたため。

でも、共産主義色の強い習政権下の中国は、先行きが不透明なため、日本企業は日本に戻ってくる傾向にあります。

さらに、他の国も日本に工場を置くようになって生産性が上がり、技術の流出も防げるようになります。

もうひとつ、中国の評価が下がったために、投資マネーが日本に流れてくるという効果もあります。最近の日本の株高は、円安の影響もありますが、中国に投資していたマネーが日本に流れている影響もあるのです。

株価が上がることのメリットは4つ。

まず、なんとなく世の中の雰囲気がよくなる。経済は基本的に空気でつくられるので、これも大事な要素です。

2つめ、株式投資をしている高収入層や一般人の資金が増えるので、経済が回る。

3つめ、企業の時価総額が上がり、結果として企業が積極的に投資できるようになる。

4つめ、日本の東証がアジアの金融ハブになる。バブルが崩壊してからアジアの金融ハブが香港に流れましたが、香港は今や中国そのものになってしまったので信頼性が下がり、日本なら安全だということで、一気にお金が流れてきたのです。

そうなると、当然アジアの中で日本の重要度が増し、結果として世界全体の中でも重要度が増すわけです。

2　半導体の巻き返し

ＴＳＭＣやサムスンなど海外メーカーのものも含め、あらゆる種類の半導体が日本で作れるようになることも、返り咲きの大きな理由です。

半導体の製造プロセスは、設計図の作成、原型となるマスクの製造、前工程、後工程と進んでいきますが、嬉しいことに日本はその大部分ができるのです。

中でも半導体製造の前工程と後工程ができると、世界における重要性はとんでもなく跳ね上がります。半導体がないと世界は回らないからです。

半導体は、ある種、製造業の石油と思ってもらえるといい。しかもありとあらゆる種類の半導体を日本で作るようになるので、日本が世界中の製造業の命の源泉になるといっても過言ではありません。

だから、他の国々が日本をつぶすという選択はありえないわけです。

アメリカが小国の台湾をあれだけ必死で守ろうとするのは、半導体を作っている台湾が中国に侵攻されて取られると、中国の軍事力が跳ね上がってしまうからです。

他の国が自前で作ろうとしても、半導体を作るのはすさまじく難しく、それを作るための**超高度な装置はだいたい日本が独占している状態です。**

日本は、以前は半導体大国だったのが、台湾や韓国に負けてだんだん凋落してしまいました。でも、救いは半導体の製造装置を作っているということ。それだったら、「これからは日本で半導体を作ってしまえ」となるわけです。

そして、半導体を日本で作る良さとは、こういうことです。

外国人①「中国で作るのは難しいから、半導体を作るのにいい国、ない？ インフラが豊富で、土地が安くて、真面目に工場勤務をやってくれる労働者が多い国」

外国人②「あるよ。日本だよ。少子化だから過疎地域が多いけど、過疎地域でもインフラを贅沢に使い続けている。おまけに質もいいし土地も値下がりしている。言われたことをきっちりやれる国民性がある。水も豊富だし、法的にも政治的にも治安的にも安定しているよ」

もっと細かい話をすると、大きなモーターを回すのに必要なパワー半導体の分野で、日本には**「ダイヤモンド半導体」**という、世界で唯一日本だけが作れるすごいものがあります。しかも、これから大量生産に入ります。

これによって電力の消費は5万倍の電力効率になり、なにより宇宙でも使えるので、これによって宇宙開発に革命が起こります。

他にはNTTが「光半導体」を作っていますが、これをケータイに入れると、電気の消費量が劇的に少なくなるのです。半年ぐらいは充電不要というレベルで、どの半導体よりも優秀です。

これまで開発が大変だったのと、基礎研究の資金不足などもあって時間はかかりましたが、そうした優秀な半導体の開発にどんどん成功して、大量生産に入ろうとしているのが2024年現在の日本です。

3　重厚長大産業への回帰

重厚長大とは、ここでは主にエネルギー技術（発電技術）に関するものを指しますが、これも日本のお家芸です。

ではなぜ重厚長大へ回帰するかというと、**ITが進化すればするほど電力を爆発的に食うからです。**

今、実際にインターネットのために世界全体の10～20パーセントの電気が使われています。必要な電気を供給するためには、原発、石炭、核融合が必要になってきます。

環境保護を理由に自然エネルギーに走ろうとしたEUも、「もう無理だ」と白旗を揚げている状態。

そこで、原発、石炭、核融合の3つとも最先端を行なっている日本の出番というわけです。

詳しくは、次の項目「エネルギー技術のリーダーになる」の中で説明していきます。

4 エネルギー技術のリーダーになる

人類最大の課題はエネルギーで解決される

エネルギー技術についてはいろいろな側面がありますが、いくつか強調したいことがあります。

まず、日本の食料自給率の低さや、今後の食料危機の可能性を指摘して、将来を憂える人がとても多いことです。

しかし、**人類の欠乏の根本は、食料ではなくエネルギーの欠乏です。**

食料を満たすためには基本的にはエネルギーが必要だからです。逆にいえば、エネルギーがあることによって、すべてが満たせます。

そもそも、日本の「カロリーベースで38パーセント」という食料自給率の計算方法はめちゃくちゃで、現状とかけ離れているのですが（第6章参照）、それはともかく、自給率を上げるという方向性は正しいといえます。

でも、食料自給率を上げられたとしても、単純に石油を止められたらアウトです。電気もガソリンも使わない江戸時代の生活に戻しつつ食料自給率を上げるなんて、不可能な話なのです。

エネルギーが欠乏を解決する根本であるというのは、ITに関しても同じです。世の中をよりよくするためには、**AIを中心としたITの徹底的な進化が必要です。**

でも、ITには進化するほどエネルギーを莫大に食う宿命があるので、エネルギーが潤沢に作り出されて供給されないと、動かすのが難しくなってしまいます。

人類の最大の課題である欠乏解消にも、そのカギを握るITにもエネルギーが必要。

どこまでいってもエネルギーなのです。

最先端を行っている日本のエネルギー技術

では、これからのエネルギー技術の決め手は何かというと、**石炭と新型原子力発電と核融合です。日本はこの３つに関しての基礎技術で世界の先端を行っています。**

かつて、原発に関しては危うく技術が失われそうになった時期もありました。３・11で福島の原発がホットフラッシュを起こしたのがきっかけです。

原発に対して国民が感情的になり、その世論に乗った各自治体の判断でほとんどの原発が止められたため、サプライチェーン（原料・部品調達から販売までの流れ）が失われる直前まで行ってしまったのです。

しかし、原発が10年以上止められている中でも、細々と新型原発の研究は続いていました。なおかつ、基本的に政府は原発を稼働させる方針をとっているし、関西や九州などでは実際に稼働しているので、サプライチェーンを失わずに済みました。

現在開発中の新型原発は安全性が高く、炉心溶融（炉心の温度が上がって破損・溶融すること）や核分裂の心配もありません。大きさもトラクターか小型トラックぐらいに圧縮できるし、移動も可能です。発電効率ももっと上がります。

つまり、災害や事故などのアクシデントがあっても安全が確保できる能力を備え、利便性や効率の面でも進化した革新的な原発なのです。

ウランを取り出す技術も日本が優位

日本は原発の燃料のウランも自給できる可能性が大です。基本的に、海水ウランはどんなにきれいな海水の中にも大量に混じっていて、それが2万5千年分あると言われています。それを取り出す技術においても日本はかなり優位なのです。

世界全体のエネルギー戦略においても、前述の3つ（石炭、新型原発、核融合）が主役です。石炭は、後の2つが完成するまでのつなぎになるわけですが、どの分野でも日本の技術が優位性を誇っています。

中国とロシアも原発輸出大国ですが、性能面で問題があるので他国にあまり売れなくなり、彼らがエネルギーで世界をコントロールすることは難しくなっています。

日本製はちょっと値段が高いものの、性能は良く、安全性も高く、律儀に仕事してくれるという評価を受けています。技術があり、売りやすく、メンテナンスもできると三拍子そろっているのです。

期待される日本の石炭技術

ヨーロッパは、グローバルサウスを中心に需要が強かったにもかかわらず、化石燃料を否定して日本の石炭技術を叩きました。

でも、その後自然エネルギーの限界、あるいは自然エネルギー万能説の怪しさに気づいて、今は「化石燃料を使わないと無理だ」という方向になっています。

結局は化石燃料と原発の組み合わせになるのです。

したがって、**日本の石炭技術も再び日の目を見ます。**

トヨタのハイブリッド車が躍進する

アメリカの動きも影響します。トランプの共和党は石油利権と石炭利権で動いているので、アメリカへの輸出も大きく伸びるでしょう。

化石燃料が必要といっても、燃費の悪い石油や石炭を使い放題というわけにはいかないし、排気ガスも抑えたい。そこで、燃費がよくて排気技術が優れた日本のエネルギー技術が重宝されるのです。

車なら、ますます進化しているトヨタのハイブリッド車が選ばれることになります。充電施設のインフラが追いつかない、希少金属が足りないなど実用性が低すぎるEV（電気自動車）はすでに失敗していて、今後も主流になることはありえないからです。ヨーロッパと親和性の高いアメリカの民主党でさえも「ガソリン車撤廃の撤廃」という方向に進んでいます。

数多くある技術の中でエネルギー技術は最も重要で、それを輸出できるということは、他国の生殺与奪権を間接的に握れるということです。利幅も大きい。今は円安だから、国内に工場を作って輸出する形にすれば雇用も生まれやすい。

そういう意味でも、日本がエネルギー技術のリーダーであることは超大国に返り咲く理由になりうるのです。

5 日本のロボット技術の発展

AIの発展でロボットが脚光を浴びる

日本のロボット技術はこれからますます発展し、世界で必要とされていくでしょう。

その基礎となる技術がAI（人工知能）です。

AIの発展の仕方には2段階あります。

まず知能性（PC内で完結するもの）が高められ、それがある程度発展すると、今度は身体性、つまりロボットの時代になるのです。

ＡＩの知能性に関しては、はっきり言って日本はボロ負けしています。グーグルのようなプラットフォームがないし、中国共産党やアメリカのように、全国民・全世界の情報を容赦なく吸い上げるようなこともしていません。

でも、身体性となると日本が俄然有利です。ロボットはどこまでもハードウェアであり、それは日本の一番の得意分野だからです。

家電業界が凋落《ちょうらく》したといわれるのは、今までハード主体だったものが、ＩＴによってソフトで実現できるようになったからです。

スマホが出てくる前は、みんな用途に応じてウォークマン、ＣＤプレーヤー、ラジオ、テレビ、ステレオ、ＤＶＤプレーヤーなどを使い分けていました。でも、今はすべてソフトに変換できるので、スマホが1台あれば用が足りてしまいます。

しかし、ロボット技術は、知能の部分はさておき、現実にハードを必要とします。ＡＩの知能性が発展すればするほど、それに対応できる優秀なロボットが必要になります。

そしてその技術は日本が昔から優秀で、世界最高水準です。

昔からロボットに取り組んでいる世界的な研究者も何人かいます。ロボットに必要な小型モーターも、日本電産をはじめとして日本が世界シェアを取っています。トヨタも面白いものを作っています。

これからAIは、知能が進化すればするほど、必ずロボットというハードに回帰していきます。ロボットはやがて一家に一台、場合によっては一人に一台の時代が来るでしょう。

したがって、**日本製のロボット、あるいはロボットの要素技術は、飛躍的に売れるようになっていきます。**もし全世界の人が一人一体のロボットを持つなら、搭載されるモーターはどれだけ売れるでしょうか。想像するだけでワクワクします。

ロボット秘書に交渉をまかせる時代が来る

これはまだ先の話ですが、将来的には、仕事の交渉はロボット秘書に代行させ、超合理的に結論を出した案件を持ち帰ってもらい、人間が処理するというやり方ができるようになります。

そうした仕事のやり方でわずらわしい人間関係がなくなっていき、人間同士は利害関係のない遊びや趣味の部分だけでつきあうようになっていくでしょう。「みんながその場で初めて会って飲み会やフットサルなどを楽しみ、終わればその場で解散」といったライトな関係が当たり前になります。

そもそも、人間関係で揉めるのは仕事がからむ時です。仕事も基本的には自分の生き残りがテーマなので、友人だったらうまくいくだろう相手とも、仕事がからむがゆえに揉めてしまう。これは多くの人が経験していることでしょう。

でも、「意識高い系の win-win 状態」で話をつけてくれる存在がいれば、利害や感情的な問題で対立することはなくなり、人間関係の苦労は少なくなっていくのです。

そうした面でも、２０４０年頃の社会は今と比べて相当に変わっているでしょう。

6 米中冷戦の影響で日本はより強くなる

米中冷戦が日本の返り咲きを促す理由は4つあります。

1つめは、単純に中国が消耗していくことです。一党独裁を維持するために力のある企業をつぶしたことで経済力が弱まり、より共産化が強くなっていくので、世界は中国への投資を引き揚げていきます。相対的に日本が強くなります。

2つめ、極東の要塞として、アメリカがより日本を大事にするようになります。

3つめ、投資マネーが日本に流れてきます。最近日本の株価が上がっている理由は、半導体関連で注目されているだけでなく、米中冷戦のこともあるのです。東証がアジアの証券市場として香港を抜いた理由としてもそれが大きい。

4つめ、雇用が、工場が日本に戻ってくることで、当然、経済にも活気が生まれます。

7　製造業への回帰

世界中の優秀な半導体企業が日本に工場を造っていることも、日本が躍進する原動力のひとつになります。

しかも、半導体の前工程も後工程も日本で一元生産する方向になっています。

半導体なしでは、どの国も、世界全体も回らないので、それだけ日本の存在感がどんどん高まるのです。

アメリカなどでも、雇用を生むにはやはり製造業の発展が欠かせないので、工場回帰が進んでいます。

しかし製造業には膨大な電力が必要で、しかも半導体の場合は0・1秒でも電圧が乱れるとラインがストップしてしまいます。重要なのは供給される電気の質と安定性で、その質が最高なのもやはり日本の電気なのです。

8 日本が返り咲くスピリチュアル的な理由

この章の最後に、日本が大国に返り咲いて世界をリードできる理由を、スピリチュアルな観点から説明しましょう。

ホログラフィーがどんどん浄化されている

日本の街にはほとんどゴミが落ちていません。世界と比べても日本の街中はとてもきれいです。他の国では（法律の規制がある所は別として）、大都市でもゴミのポイ捨てや、犬の排泄物が放置されるのは当たり前。地下鉄の構内に異臭が漂っていたりします。

この違いはどこから来るのでしょうか。

もちろん日本人特有の美意識もありますが、基本的には、場を作る高次領域のホログラフィー（37ページ、この世界の根源的構造参照）がどんどん浄化され、それが投影されているからです。

これまで地球を覆っていた制限不自由なエネルギーは、急速に取れつつあります。

一旦、この現実に良くない影響を与えたり、よくない事象を作り出す幽界冥界のホログラフィーが取れ始めると、それは一気に進みます。

日本の街がずば抜けてきれいだということは、**世界に先駆けて、浄化されたホログラフィー情報の構築が進んでいることを意味します。**

日本列島は龍神に守られている

日本列島は龍の形をしています。それは巨大な龍に守られているからです。

このため、日本列島を守っている強大な力を持つ龍神のエネルギーを受け取りやすくなります。

それによりスターシードが無意識のうちに行なっている高次エネルギーの入出力が加

速され、日本人全体の意識もアセンションに向けて急速に変わって来ています。

それだけでなく、龍神は、まず日本を起点として世界を自由に動けるしくみになっているのです。

日本という国、あるいは列島全体が、地球のパワースポット、あるいは最も重要なチャクラであるとも言えます。

以上のことから、日本はこれからますます世界の中心的存在になるのです。

第5章

資本主義が環境問題を解決する決め手になる

世界終末論のひとつとして、「地球環境の悪化によって最終的に人類が滅びる」というものがあります。彼らは、その最大の要因のひとつに資本主義を挙げています。本当に資本主義は環境を破壊し、人類を滅ぼすのでしょうか？

結論から言うと、実は、**資本主義こそが環境問題を解決する決め手なのです。**

その理由を説明しましょう。

エネルギー消費量が大幅に減っているという事実

資本主義を前期と後期に分けると、前期は資本主義が産業革命で本格化した頃であり、確かに環境を悪化させています。でも後期になると状況が変わってきます。

まず、後期の前期（１９８０年代〜）には、一人当たりのエネルギー消費量が大幅に減ってきました。

後期の後期（2010年頃〜）になると、さらにそれが進みました。たとえば、50年前の車や家電と今の車や家電、どちらのエネルギー消費が多いかは言うまでもないですね。農薬の毒性しかり、今使われているものは人体への影響が軽減されています。

環境問題にまったくコミットしていないアメリカですら、大幅にエネルギー消費量が減っています。

その変化は2005〜2010年ぐらいから明らかに加速しています。

スマホの登場と普及によって、さまざまな電化製品の機能が集約され、資源量が大幅に節約されているからです。

農業も「自然豊かな環境のもとで行なうもの」というイメージは大間違いで、農業ほど森林伐採している分野はありません。とくに無農薬で農業を行なっていた時代は、収穫量が低い分、大規模な伐採が必要でした。

しかし、その後、農薬が登場したことで一面積あたりの収穫量が爆発的に上がるなど、環境破壊という負荷は減ってきています。

AIを駆使するスマート農法

「それでも依然として負荷はかけている」という声もあるでしょう。

しかし、後期の後期になると、今度は農業も、地球環境を積極的に回復させる方向へ行くのです。たとえ担い手に環境への知識が乏しくても、それは可能です。

たとえば**スマート農法**。AIを駆使するこの手法なら、低農薬・低化学肥料で飛躍的な生産量を実現できます。高層ビル内でもオペレーションが可能なので、広い土地も必要としません。森林伐採の必要もないし、空いた土地に再び木を植えて失われた森林を取り戻すこともできます。

また、核融合や新型原発の時代になれば、エネルギーはクリーンになります。

化石燃料による大気汚染で、2019年には世界で年間500万人以上が亡くなっているというデータがありますが、そうした悲劇もなくなるのです。

クリスパー技術（遺伝子編集技術）によって、肉や魚を2倍以上の大きさにすることもできるようになります。細胞の培養技術も発達するので、培養肉も身近なものになるでしょう。

このように、資本主義イコール技術の発展でもあります。それが水や土壌や空気をよみがえらせて地球環境を改善し、利益の独占をなくしていくことにつながるのです。

資本主義が世界を救っている

ところが残念なことに、そういう資本主義の本質や、環境に関して資本主義が生み出している成果は、なかなか世の中に理解されません。

それは、資本主義が世界を救っているというデータを、魅力的な人柄で上手に説明できる人がほとんどいないからです。

「データに基づいて世界を見よう」と呼びかけた本、『FACTFULNESS』はベストセラーになりましたが、個人がスターやカリスマ的な存在として発信しているわけではありません。

逆に、市場原理主義を標榜する人の中には、表面的には人間性に問題のある人が目立ちます。

学術的な発言をしないでSNSで贅沢な私生活を発信する人、自己責任論ばかり強調する人、それなりに影響力を発揮しつつあったのに、表現がまずくてヒンシュクを買い、主張がまったく伝わらない人、等々。

それもあって、資本主義は悪いものというイメージが定着し、第1章で取り上げたように「世界は悪くなっている」という認識が強まる一因にもなっています。

反資本主義と環境問題の人たちは宣伝が上手

環境運動推進の中心となっているのはヨーロッパの反資本主義の人たちですが、彼らは宣伝が大変上手です。

環境活動家として有名なグレタ・トゥーンベリさんの例もまさにそうです。わずか15歳の少女が国連を動かし、世界各国の政府の要人と会談する。そんなことが自分一人の力でできるわけがありません。

彼女をアイコンとして、政治家かマーケティング関係か、そのたぐいの大人たちが動いているのであって、彼女はいわば役者にすぎないのです。

でも、冷静な目で見る人が一定数いる一方で、感動する人も一定数います。

結局、宣伝がうまいのです。むさ苦しいオジサンが「地球は大変なことになってい る」と言っても誰も相手にしませんが、純粋そうな少女が懸命に地球環境の保護を訴える姿を見せれば、マスコミはこぞって取り上げます。

その報道を見て、「地球はおかしくなっている」「こんな小さな子が一生懸命に環境保護を訴えているのに、日本はいまだに石炭火力を輸出しているなんておかしい」と言い出す人が現れます。

そういう人は、「もし石炭火力をなくしたら、世界のエネルギー供給はどうするんですか？」という問いに答えられるのでしょうか。

エアコンの効いた部屋で、テレビやスマホで彼女を見ながら「感動した」と言っている自分の矛盾に、気づいてほしいものです。

日本のマスコミは左翼の塊

日本のマスコミでは、左翼が幅を利かせています。彼らの偏った報道姿勢も、資本主義イコール悪というイメージを強化しています。

彼らのアメリカ叩きは学生運動の頃から変わりません。自分たちの思想に反する資本主義の代表国だから憎いし、許せない。そこで、つねにアメリカの闇の部分だけを取り上げます。

アメリカが時々戦争を始めると、そこだけを抽出してひたすら報道する。さらに「軍産複合体が戦争で金儲けをして成り立っている」といった情報を延々と流す。

軍産複合体などというものは、現実には存在しないというのに。

歴史を見てみろと言いたい。ヨーロッパはどれだけ戦争を起こしていることか。10年に1度は派手な戦争しているのではないですか。

でも、左翼はヨーロッパとは相性がいいので、そちらの闇の部分には触れません。

ヨーロッパは、あれだけ徹底して他国を侵略した歴史があるにもかかわらず、なぜかヨーロッパ特有の社会主義を支持する傾向があり、今もそうだからです。

「このまま行くと……」という認知バイアスに気をつける

人は未来の危機に敏感なので、すぐに「このまま行くと」と考えてしまいます。

今が増える傾向にあるから、未来はもっと増えていくと考えてしまうのです。

「人口が増えている、このまま行くと……」

「毎日東京ドーム1個分の森林伐採が行なわれている、このまま行くと……」

そういう情報がたくさん集まって、より偏った認知バイアスが作られます。

結果として、「もう世界は終わりだ」という終末論が出てくるのです。

しかし、データで見る現実はそんな予想を裏切るものです。

たとえば地球の気温は、ちょっと前までは寒冷化傾向と言われていました。

交通事故の死者数も、1970年の1万6千人から、2020年には5分の1ほどに減っています。

資本主義においても、このまま物質的に豊かな人が増えたらどうなるかという予測の答えは、「資源消費量が減る可能性の方が高い」となります。


この先、貧困地域の人が豊かになって肉を食べるようになると、タンパク源が枯渇してしまうと予測する向きもありましたが、そもそも、世界の誰もが牛や豚を食べるわけではありません。遺伝子を編集してたくさんの肉が取れるクリスパー技術などの対応策もすでにあり、この先、人間がタンパク源に困るとは考えにくい。

感覚的な「このままいくと……」という考えは、まったく通用しないという話です。

環境問題を解決する技術の多くは日本が最先端

日本は、石炭火力、天然ガスを超効率的に回すためのガスタービン、核融合といった技術分野でリードしています。

また、スマート農法はアメリカに先行されていますが、パナソニックを中心に、植物の光合成を機械で行なえるような食物工場の開発が進んでいます。

トヨタの技術もますます注目を浴びています。豊田章男さんは社会的圧力に負けず、「EVなんてムリだ」と言い、エンジンの開発と電気自動車の研究の両方をおさえて、ハイブリッド車を進化させました。

EVの核は電源の確保、つまり蓄電池ですが、トヨタは出光と共同で、大容量・高出力の全固体電池というすごいものを作ってしまったのです。

しかも、自動車の技術はありとあらゆる技術に転用できます。**自動車の技術がレベル**

アップするということは、他の科学技術も上がるということです。

そんな中、ガソリン車撤廃のキャンペーンを張っていたヨーロッパも、EVの実用性のなさ、中国製の格安EVの普及などで、自分たちが墓穴を掘ったと気づき、撤廃を取り下げる方向で動いています。

結局は、排気ガスの抑制と自動車としての実用性を兼ね備えたハイブリッド車という選択になるわけですが、その技術では日本がはるか先を行っているというわけです。

また、エネルギー技術の中ではサブ的なものですが、コンセントを使わず、無線で電気を飛ばす技術の開発も日本がリードしています。

それができると最終的に何が可能になるかというと、太陽付近に超巨大ソーラーパネルを打ち上げて、つねに太陽光線が当たるようにしておいて無線で地球に飛ばすこともできるようになります。本当の意味での自然エネルギーの利用が実現します。

日本は環境問題に貢献している

要するに、日本はその先端技術で環境問題にとても貢献していることを、きちんと認識しておく必要があります。

左翼的な人たちは、たとえば「日本はCO_2の削減目標がクリアできていない」といった理由から、「環境意識が低すぎる日本はダメだ!」と批判します。

そうした主張に触れると、多くの人は「やっぱり日本はダメなのか」と自信をなくし、希望もやる気も失ってしまいます。

「ダメ」と言われ続けると、人は脱成長の方向へ行ってしまうのです。そうすると自分も貧しくなるし、未来に悲観して世の中が悪くなったと思い込んでしまいます。

でも、部分的に良くない点だけを取り上げて（そこも検証の余地が大ありですが）、日本を悪者扱いするのは間違いです。

日本は、素晴らしい技術力で環境問題に貢献できる国です。

左翼的な人々の批判や、陰謀論者のネガティブな主張を鵜呑みにして、自分や日本という国を卑下《ひげ》することはやめましょう。

環境運動家はエネルギーと資本主義が大好き

環境運動にいそしむ人は、資本主義からありあまるほどの恩恵を得ているから、枯渇の恐怖も不便な生活の辛さも知らないからこそ、環境のことを言えるのです。

モンゴルの人々は、最近までは冬になると古タイヤを燃やして暖をとっていました。

それで大気汚染がひどくなったために大規模な再開発が入り、エアコンのついた部屋に住めるようになって、みんなが大喜びしています。

そういうことも知らずに環境が大事だと言い、「たかが電気」と言い捨てる人たちがいます。某ミュージシャンもそうでしたが、彼は、東京ドームで1回コンサートをするとどれだけの電力を消費するかを知らないのです。実に、小さい町ひとつ分の電力を使っているというのに。

というわけで、データとして出ている事実を無視し、自覚なくエネルギーと資本主義の恩恵を享受しながら「環境の大切さ」を訴えている人は、「みんなアウト」という結論になります。

欧州連合（EU）が環境問題に厳しい理由

環境問題に厳しい集団といえばEUです。彼らが環境、環境と言うようになったのは、次のような理由があるからです。

アメリカを引きずり下ろしたい

EUは、環境問題を盾にとって、彼らにとって田舎者のアメリカを引きずり下ろしたいのです。

アメリカは産油国でもあるので、経済成長の源泉である石油を使えない方向に行かせたい。そのための大義名分が地球温暖化です。アメリカ民主党は共和党と違ってヨーロッパと親和性が高いので、それに乗りました。

EUが主導する地球温暖化抑止のキャンペーンは、アメリカ下ろしのため。

今はやめる方向ですが、EUのEV（電気自動車）化推進のキャンペーンは、日本の自動車産業をつぶすため。

それぞれ裏の目的があったのです。

社会主義というアイデンティティを守りたい

「○○主義」はある意味、宗教でもあります。宗教戦争は自尊心を賭けた戦いそのものです。EUにとって、アメリカは歴史の浅い格下の国なので、そのアメリカの民主主義に負けることはアイデンティティの崩壊を意味します。

でも、石油産出国であるアメリカに、経済では勝てません。そこで環境問題を持ち出してアメリカを非難の対象にすることで、「民主主義はおかしい、社会主義が正しい」という結論に持って行こうとしているのです。

社会主義的なもので利益をむさぼっている人間たちが、自分たちの立場を守るため、アメリカの民主主義の優秀さを認めずに否定しているという面もあります。

ソビエト崩壊によるEUの活動分野の移動

ＥＵは、ソビエト連邦の崩壊前は、社会主義の維持に力を注いでいました。そして崩壊後は再び社会主義を取り戻したいと望んでいます。

そのために、環境問題を前面に押し出して民主主義に対抗しているのです。

同じく反資本主義である日本の学生運動が、１９７０年代に入って次第にやることがなくなり、環境問題に流れたのと一緒です。

地球温暖化の矛盾とツッコミどころ

環境問題で最もクローズアップされているのが、地球温暖化です。

国連をはじめ、さまざまな国や機関、マスメディアが「世界各地で温暖化が進んでいる」「温暖化による気候変動で異常気象や災害などが増えている」と主張しています。

それが科学として論理として正しい、かつ、論理の正しさを表すエビデンスが出ていいるという前提で騒がれているのですが、調べてみると実に怪しいのです。

実は論理も滅茶苦茶だし、エビデンスもツッコミどころ満載の超絶ゆるゆるです。

これからデータを挙げながら、その矛盾を突いていきましょう。

1 現代以上の温暖化は数百万年前にも

数百万年前には現代以上の温暖化が起こっていたわけですが、当時の猿人や原人がCO_2をたくさん排出していたでしょうか？　産業革命は起こっていたでしょうか？

2 温室効果ガス単独原因説は疑問

確かにCO_2には温室効果があり、温暖化の一因になるのは事実です。でも、それは全体の数パーセントにすぎないという論が多数を占めつつあります。

そもそも、人間の活動によるものよりも、太陽活動との関係の方が大きいのでは？と言われているのです。

それに、いくら人間がCO_2の排出をゼロにしたところで、火山が爆発すれば大量の

CO_2が噴出して一発アウトです。

今現在も、世界の人知れぬ場所で海底火山やメタンハイドレードが爆発して、そこから温室効果ガスが出ている可能性もあります。

3 海面上昇率が最大だったのは1930〜1940年頃

「海面上昇率」の方はどうかというと、それが最大だったのは、1930年から1940年頃にかけての時期でした。

温暖化説では、CO_2の影響で地球が温暖化して氷が解け、海面が上昇するという理屈ですが、はたしてその頃、CO_2の排出量は最大だったのでしょうか？

たとえば、日本でいえば、この時代の渋谷駅前などはガラーンとしていたし、林や森もたくさんありました。たしかに技術は未熟な時代でしたが、この時代にそれほど大量の石油やガソリンを使っていたとは思えません。

また、「たくさん木を切ったせいでCO_2が増えて温暖化した、その結果海面が上がった」という説明も成り立ちません。「木はCO_2を吸収して酸素を出してくれるからたくさん植えるとよい」というのは、半分間違いだからです。

植物は確かに光合成の際にCO_2を吸収しますが、呼吸する時は人間と同じく酸素を吸って、それほど多くはありませんがCO_2を排出します。枯れて分解される時もCO_2を出します。

つまり、植物は、ただCO_2を吸って酸素を出すだけの存在ではなく、その逆もやっているのです。したがって「木があればCO_2を減らせる」というのは間違いです。

4　1900年以降、地球の平均気温が上がっているのは事実だが歴史上最高ではない

よく陰謀論者の人が「温暖化はない！」と言ったりしますが、あれは間違いで、実際にあることはありますが、非常にゆるい温暖化です。

そして、現在の気温の上がり方は、人類の歴史上最も高いわけではありません。今以上の高温を、1900年よりも以前にたたき出しているのです。

それを資本主義による環境破壊のせいだと言うなら、当時もロックフェラーが世界を牛耳《ぎゅうじ》っていたのですか？　という話になります。

温暖化の原因に関して、今ではCO_2単独説は怪《あや》しいという意見が増え、太陽活動の変化や、火山活動も大きいのではないかと言われるようになっています。

5　温室効果ガスは温暖化を招くが、同時に大気汚染によって地球を寒冷化させる

石油や化石燃料を燃やすと、CO_2以外にもさまざまな有害物質が出ます。それらが大気に蔓延すると、太陽光を遮断して気温の低下を招くのです。

恐竜が絶滅した理由は、巨大隕石の落下で大量の塵《ちり》が発生し、太陽光線を遮って地球が寒冷化したためだという説がありますが、その時と同じようなことが起こるわけです。

したがって、大気汚染による寒冷化によって、CO_2の温室効果が帳消しになっている可能性もあり、CO_2が温暖化の要因になっているかどうかは怪しいのです。

6　気候システムの中で人間活動の占める比重は1％程度

ここまで挙げた諸々のことを勘案すると、気候システムに人間の活動が与える影響はごくわずか、1パーセント程度ではないかと言われています。

7　「気候変動の原因も将来の影響もまだ正確にわからない」(スティーブン・E・クーニン)

カリフォルニア工科大学の副学長を務め、オバマ政権ではエネルギー省の科学次官に任命されたクーニン氏は、気候変動の原因も将来の影響もわからないと言っています。しかも、これが共和党政権なら「石油石炭利権だからウソをついているのでは？」となりますが、民主党のオバマ政権下での話です。

オバマ政権は地球温暖化の抑止に全力で取り組み、なおかつ「そもそも化石燃料から離脱しよう」という方向でした。

にもかかわらず、そこで科学次官を務めていたクーニンさんが、科学者として、地球温暖化とCO_2の関係性に首をかしげているのです。

他にも、気候の専門家ではないですが、物理学などの分野の歴代のノーベル賞学者たちが「地球温暖化のエビデンスがない。既定の事実のように言うのはおかしい」と言い始めています。

ホッキョクグマは絶滅するどころか増えている

余談ですが、現在、ホッキョクグマは増えています。温暖化にからんでよく話題になる彼らは、北極の氷が解け、餌のアザラシが獲れなくなって危機的な状況にいるはずですが、逆に数が増えているとはどういうことなのでしょうか？

その答えは、確かに北極で氷が解けている場所はありましたが、それはごく一部の地域で、分厚い氷は普通にあるからです。

以前、気候変動による被害のシンボルとして、海にポツンと浮かんだ小さな流氷に乗るホッキョクグマの写真が注目を集めました。しかし、これはフェイク写真でした。

これを掲載した科学雑誌・サイエンスは、「編集者が間違って掲載したコラージュだった」と認めて謝罪しています。

また、ホッキョクグマが海から上がって氷に乗ろうとすると、氷が割れて溺れるという映像も出回りましたが、あれは北極では珍しくない単なる事故で、温暖化のせいにするのは間違いです。

8　西南極氷床とグリーンランド氷床がすべて解けても、決定的な地球温暖化にはならない

これらの氷解の影響はきわめて限定的なのです。

9　もしこのまま温暖化が進んで海面上昇しても最高で45～82cmという試算が出ている

今世紀末（２０８１～２１００年）の平均海面水位の上昇は、最も温暖化を抑えた場合で26～55センチ、最も温暖化が進んだ場合でも45～82センチで、これは経済活動や生活に何の影響もないレベルです。

10 ヨーロッパの環境ビジネスのことを忘れないでほしい

「環境ビジネスはお金になる」ということも、頭に入れておく必要があります。ヨーロッパの国々が「環境、環境」と言い出した大きな理由はそれなのです。今のEUには有力な産業がありません。技術力で世界と渡り合うこともできないし、EVにシフトして失敗した分も取り返せていません。ものづくり大国のドイツも、脱原発をやった結果、製造業が立ち行かなくなっています。何かしら稼げるものを作らないといけないわけです。

それには技術のいらないプロパガンダが必要だということで、**選ばれたテーマが環境問題なのです。**

環境ビジネスの主なものは、排出権取引（Emissions Trading Systems, ETS）、再生可能エネルギー投資、環境関連技術の輸出、環境税、グリーンボンドの発行、持続可能な観光、環境コンサルティング、公共投資などです。

「地球環境を守るべきだ」という主張は、誰も逆らえない正論です。この問題を持ち出せば、民主資本主義のアメリカにダメージを与えるいいチャンスになるし、社会主義でうまみを味わっている自分たちの保身にもなります。

さて、ここまで、地球温暖化説のツッコミどころを一つひとつ紹介してきました。

しかし、「温暖化説が怪しいというなら、なぜこんなに暑いの?」と疑問に思う人もいるでしょう。

ここからは、都市部の気温上昇のしくみや、ここ100年ほどの実際の気温の変化について数字を挙げながら説明していきましょう。

東京が猛暑になった理由とは?

温暖化に関して最も危機感をあおる話として、「産業革命以前よりも気温が3℃上がったら地球は終わりだ」という説があります。

ところが、２０２３年の夏、東京の平均気温はあっさり３℃上昇しました。でもみんな普通に生きていますよね。だから、仮に気温が上がったとしても、熱中症にさえ気をつければ、あとは気にしなくていいのです。

では、なぜ東京が猛暑になったかというと、これはヒートアイランド現象と気圧配置と大気汚染減の変化で説明できます。

大気汚染を生んでいる物質が太陽光を遮断し、気温上昇を抑制していました。しかし大気汚染が解消され、遮るものがなくなったことで太陽光の流入が増え、気温上昇につながっているのです。

このことは最も権威のある科学雑誌の『ネイチャー』や『サイエンス』にも掲載されています。

ヒートアイランド現象とは、アスファルトやコンクリート、建物の高層化や高密度化、人工的な排熱などが原因で、都市の気温が周りの地域よりも高くなり、夜になっても気温が下がりにくくなる現象です。

実際、都市化していない地域では、同じ年に平均で1・5度しか気温が上がっていません。そしてそうした地域も、地上で観測していることから、やはりヒートアイランド現象の影響を多少は受けていることがわかっています。

ヒートアイランド現象の具体例

より具体的なデータを挙げておくと、1925年〜2022年の統計では、東京、名古屋、大阪で2・8℃の平均気温上昇。1925〜2023年の統計では、都市化の影響が小さい全国15地点の平均で、1・5℃の気温上昇が記録されています。

こう書くと、温暖化説の支持者は「補正した気温を発表しているからだ」と言いますが、気象衛星から測る気温も、どうしてもヒートアイランド現象を拾わざるをえないのです。

そして、東京の平均気温が3℃上がったのと同じ2023年の夏、ベルギーとドイツは異常に気温が下がって冷夏になりました。

猛暑になった地域がある一方で、例年より寒くて震えていた地域もあるわけで、世界中で温暖化が進んでいるという主張にはムリがあります。単に気圧配置が変わったに過ぎないのです。

これも認知バイアスのしわざです。

印象が強かったレアケースが頭に残っているために「異常気象が多くなっている」という思い込みが生まれているのです。

これにはマスコミの影響もあります。現象のどの部分を抽出して、どこを大々的に報道するかによって、情報を受け取る側の印象はまったく違うものになってしまうからです。

地球温暖化の結論

以上のことから、「地球温暖化がどんどん進んでいる」「温暖化の原因はCO_2」「行きつく先は破滅だ」といった説は、論拠に乏しいものだということがわかります。

また、地域的な猛暑に関しては、地球温暖化や異常気象のせいというよりも、次のような要因が大きいと推測できます。

◎暑さの大半は都市化によって起こっている
◎温暖化といわれる観測点自体がヒートアイランド現象の影響を受けている
◎ヒートアイランドは大きな影響を及ぼす現象であることがわかってきた

安心する結論

IPCC（気候変動に関する政府間パネル）などの研究機関が、2100年に地球の平均気温が産業革命以前よりも3℃上がると予想し、そうなると地球が破滅的な影響を受けるので、1・5℃に抑えようと提唱しています。

でも、前述の通り、2023年、すでに東京で3℃の気温上昇が記録されましたが、破滅的な出来事は何も起こっていません。

成熟国においては、2100年に予想されていたレベルの温暖化はすでに現実になっているのです。でも、みんな普通に生きていられます。

結局、地球温暖化を気にして騒ぐ必要はまったくないのです。

ちなみに太陽と地球の距離から考えて、氷河期に突入しつつあります。

温暖化のメリットはとても大きい

次に、「もし仮に地球温暖化があっても大丈夫だ」という話をします。

実際、温暖化はほんの少しは存在します。

でも「温暖化がどんどん進んで地球をおかしくしている」とか「温暖化は悪影響が大きい」という前提が出来上がっている状況には、首をかしげざるをえません。

実際、世界をよくするには地球温暖化が欠かせないのです。

寒冷地では健康被害や死亡のリスクも高いし、植物も育ちません。温暖化するからこそ、食料の量産も可能になり、健康も保ちやすくなるのです。

ということで、我々は温暖化から大きなメリットを受けることができます。

その具体例を紹介しましょう。

1 食糧の生産性が上がる

冷夏の年を経験した人はわかると思いますが、当時は米不足でみんな苦労しました。世界で食糧（主食となる穀物）を大量に生産している地域は、ほとんどが暑い地域です。温暖化すれば、従来の寒冷地域でも十分な食糧を作れるようになり、生産性が上がります。

2 寒冷の方が健康に悪影響を与える

人が命を保つうえでは、寒い環境の方がよほど過酷です。WHOも、健康維持のためには室温18℃を切らないようにと注意を呼びかけています。

スピリチュアル界隈では「身体を冷やしてはいけない」というのが定説ですから、暖かくなることは、心身と魂を健全に保つためにもちょうどいいのではないでしょうか。

3　寒冷地域の燃料費が節約できる

文字通りの意味です。寒い地域は温暖な地域よりも燃料費がかさみますが、気温が上がればコストを抑えられます。

4　燃料の消費が減って大気汚染による死亡者が減る

発展途上国では、ゴミや廃材などを燃料にして寒さをしのいできました。これが深刻な大気汚染を招き、屋内汚染でも320万人もの人命が失われていました。

しかし、燃料の消費が減ればおのずと大気汚染も軽減され、被害を受ける人を減らすことができます。

5　台風の激甚化は減る

温暖化によって台風の激甚《げきじん》化が起こるという説がありますが、公開されている長期データを見ても、強い台風の発生率が増えているという事実はありません。

時折、俗にスーパー台風と呼ばれるものが日本にも上陸しているのは確かです。

しかし、気象庁が統計を取り始めて以来、記録に残る歴代の強い台風のほとんどは、実は１９７１年以前にやって来たものです（１９５０年代は伊勢湾台風、ジェーン台風など３件、１９６０年代は第２室戸台風、第３宮古島台風など４件と特に多かった）。

それ以後で記録されているのは１９９１年、１９９３年、そして２０２２年の鹿児島の台風のみ。実際は、台風が激甚化するパターンは減っているのです。

気象庁も「地球温暖化と台風の関係については、現時点では、地球温暖化の影響が台風の大きさや強さに及んでいると結論づけることはできない」という文書を出しています。

一方で、「温暖化が強い台風を引き起こす」という理論上の予測やシミュレーションも公開されているので、それが既定の事実であるかのように、「今後、台風は激甚化する」という情報を流しているメディアもあります。

しかし、そうした情報と、実際の統計上のデータは一致していないという事実を知っておきましょう。

6 台風とハリケーンの発生率は減る

統計上、台風が激甚化しているというデータがないのと同様に、世界で台風やハリケーンの発生数が増えているというデータも存在しません。

気象庁気象研究所などによる温暖化予測実験でも、「地球全体での熱帯低気圧の発生率は減少する」という結果が出ています。

7 森林の回復速度が早まる

気候が温暖化すると植物の生育が活発になり、森林を速く回復させることができます。

以上のように、地球温暖化は良いことだらけです。

温暖化で困る点といえば、1つは熱中症への注意が必要なこと。

あと、日本なら北海道や新潟など、雪が減ると観光が打撃を受ける地域があるので、そのあたりは対策を考える必要があります。

でも、それ以外はさほどネガティブな影響が出る心配はありません。


そしてこれも仮の話ですが、人間の活動で排出されるCO_2で温暖化が起こっているのが事実だとしても、次の2つの理由で歯止めがかかります。

1つめは、将来的に、エネルギー供給は新型原発と核融合が主体になるので、CO_2を排出しようがなくなります。

2つめは、CO_2をエネルギー源にする技術が本格的に運用されます。

今マスコミに出ているものとは違う、本物の技術がどんどん出てくるので、それによってもCO_2の排出量は減っていきます。

温暖化にかこつけた終末論は信じなくていい

本当の問題は、温暖化そのものよりも、**温暖化の情報に触れたことで未来に絶望する人が増えていることです。**

「温暖化が起こって地球が破滅的な状況になっていくということは、根底にある資本主義が限界を迎えているということ。だったら世界は終末じゃないか？」

無意識の中でそういう図式が成り立ってしまいますが、それは間違いです。

ここまでいろいろなデータで説明してきたように、実際には急激な地球温暖化など起こっていません。

もし今後そうなったとしても、結局は資本主義を基盤として技術が発展していくので、解決することができます。

あなたはもう、いたずらに危機感をあおるような情報に怯《おび》えなくていい。
世界はこれからますますよくなるのだから、安心して過ごしていいのです。

第６章

２０２５～２０３０年の対策

この章では、ひとつのターニングポイントとして取りざたされている2025年から2030年にかけての時期に、心穏やかに希望を持って過ごすための対策を提案します。

スマホ、SNS、ニュースから距離を置く

スマホを持つほど恐怖が強くなる

2025年の対策として僕が真っ先に推奨するのは、**スマホから距離を置くことです。**

理由の1つめは、スマホを持つほど恐怖心が強くなるから。マイナスの情報を取ってしまい、その情報をもとに自分や地球の未来をイメージして恐怖を感じている人があまりに多い。

2つめは、**スマホを見続けることが原始の防衛本能を活性化させてしまうから。**

人がやたらとスマホを見るのはなぜかというと、快楽を感じるドーパミンが脳内に分泌されるから依存してしまうという面もありますが、大きな理由は、社会から離脱した

くないからです。

原始時代、人は集団に属することでサバイバルできていました。集団から離れるイコール自分の死を意味しました。食料が獲れないし獣にやられる。だから人は群れたがります。

現代では、スマホを通して社会という集団、自分が属している集団の意向がわかります。そうやって状況把握できることで安心したり、集団とつながっているという勝手な認知を持って安心するのです。

集団を意識することも確かに重要ですが、問題は**「そこからはずれたらどうしよう」という恐怖心を元にスマホを見ていること。**根底にそれがあると、一瞬の安心は得られても、見れば見るほど離脱の恐怖がどんどん強くなります。

強迫性障害も同じです。恐怖があるから、たとえば何度もドアの鍵を確認する。その場は安心できても、やればやるほど確認行為が増え、恐怖が増幅していくのです。

スマホを握りしめていたら、覚醒はできない

スピリチュアル的に言っても、瞑想しているにもかかわらずスマホを握りしめているのはあまりにも見当違いな行動です。

瞑想の目的は、原始の本能を減少させて恐怖を減らすこと。そうやって恐怖を減らした結果、覚醒していくという流れがあります。

でも、瞑想する一方でスマホを見ているのは、集団から離脱したくないという恐怖を高めるだけ。火が燃えている所に水とガソリンを両方注いでいるようなものです。

最近スピリチュアルの世界でよく言われる言葉に「自分軸を取り戻す」というのがありますが、そう言うならスマホを持たないのが一番です。

自分軸というのも、実は「集団からはずれると自分はやっていけない」という無力感と、そこから生まれた恐怖を消すために出てくる発想です。

仮に自分軸を持つなら「集団の意向なんか気にしないよ」というスタンスになって、スマホから離れてもいいはずです。

なのに、スマホで「自分軸」と延々と検索し続けて、よけいに焦ったりしている。本末転倒です。

第1章にも書いたように、人間は、原始の防衛本能と認知バイアスによって、恐怖が強くなると、恐怖を強化する情報だけを抽出してしまうようになります。

だから一番の対策は、単純に**スマホから距離を置き、SNSや否定的なニュースを見るのを控えることなのです。**

コラム　人類最大の恐怖とは？

人類最大の恐怖とは、欠乏への恐怖です。

イコール生きられなくなるからです。

恐怖の種類は、自分を生かすのに必要なモノの欠乏への恐怖、人に承認されない(集団からはずれる)ことへの恐怖、その他いろいろありますが、**その根本は、欠乏することへの恐怖なのです。**

発展途上国なら、戦争による死や感染症や自然災害などへの恐怖があります。

成熟国に生きていたら、未来への不安は「食べていけるんだろうか」という欠乏の恐怖が一番大きいでしょう。

想像してみてください。

もしあなたに莫大な資産があったら、会社に「クビだ」と言われても、「あっそう」という感じになりますよね。食べるのに困らないからです。

でも、ごく一般的な人たちにとっては、会社をクビになることや収入が下がることは、欠乏の恐怖に直結しています。老後の不安も、突き詰めれば「老後のお金、足りるのかしら？」ということだし、すべては欠乏に集約されるのです。

だからこそ、**欠乏の恐怖を増幅させる、ネガティブな情報に触れ続けことはやめないといけません。**

代わりに、信頼できるデータに基づいた「未来に希望が持てる情報」を積極的に取りに行くことで、恐怖の感情は薄らいでいくのです。

コラム　未来に希望を持てる技術について知る

今、幸いにも、エネルギー、フーズ、ドリンク、ハウスという人間が生きるうえで最低限必要なものが、フリーになる技術がほぼ確立されています。

食料に関しても、現時点でも環境を壊さずに100億人を食べさせることができるし、かつ、これから食物工場とスマート農法とクリスパー技術が発展するので、将来的には最低でも200億人分を賄《まかな》えます。

それにはエネルギーがないと話にならないのですが、それも新型原発や核融合の技術で可能になります。

コストはかかりますが、天然ガスの原料になるメタンハイドレードは500～600年分あります。原発に使える海水ウランも2万5千年分あり、核融合を使えばほとんど無尽蔵にエネルギーを取り出せます。

住む家も、ぜいたくを言わなければ、人工知能が勝手に組み立ててくれる簡便な家で暮らすことができます。

だから、**未来の人々は欠乏しようがないのです。**

それらの情報を知ることで、**「確かに今は不安だけど、未来は大丈夫なんだ」と安心できます。**

同時に、そうした技術を知ることによって、「未来は地球環境が破壊し尽くされて、エネルギーや食料の奪い合いの戦争が続く」という謎の終末論になびくことがなくなります。

世界的に見れば毎日2〜3万人が餓死している現状がありますが、実は、日本だけで毎日500万人分の残飯が捨てられているのです。

要するに食料危機ではなく、食料分配機能不全問題だけが存在するのだと知ってください。

否定的出来事を見聞きした際は、統計でとらえようとする

原始の防衛本能上、否定的出来事を見たり聞いたりすると、誰もが心配になるものです。しかし、それに対して「統計的な事実はどうか」という視点と知識を持つと、完璧ではないとしても、否定的な情報に振り回されなくなります。

２０２３年頃は、山火事のニュースがしばしば話題になりました。確かに大きな被害が出たようです。

でも、そこで「山火事は増えているんだ」と短絡的に考えず、「世界全体ではどうか」「数十年前に比べるとどうか」、という統計で見ないといけません。

実際、**世界の山火事の発生件数は、1970年に比べると3分の1に減っているのです。**

家族全員の命が奪われる交通事故が起きた。これは心痛むことです。しかし以前と比べて、日本の交通事故の状況はどうなのでしょうか。

日本の交通事故死亡者数は、ピークだった1970年には1万6千人を超えていましたが、今は3千人ほどです。以前よりもはるかに少なくなっているのです。


2000年前後には少年犯罪の報道がやたらと目につきました。

しかし、戦後の学生運動を境に、一貫して少年犯罪は減っているのです。発生率そのものがどんどん減っているのであり、少子化のせいで数が減っているわけではありません。少年犯罪は昔の方がずっと頻発していたし、内容もひどかったのです。

でも、人は統計で物事を見ないし、マスコミが少年犯罪を延々と報道するので、バイアスがかかって「今の若者の心はすさんでいる」ということになってしまいます。

そもそも「最近の若者は」というのは、プラトンの時代から言われてきたことで、これも過去を美化したい心理の表れなのです。

恐怖を増幅させる行動をやめる

ながら作業をやめる

多くの人が知らず知らずにやっている、恐怖を増幅させる行動があります。そのひとつが、Youtube、音楽、テレビなどを流して「ながら作業」をすることです。

人はなぜ「ながら」をやりたがるかというと、原始時代は目の前のことに集中するとアウトだったからです。周囲の状況を絶えず気にしていないと、命を狙われる危険がありました。だから落ち着きのない多動が正解だったのです。

でも、その根本には**「よくないことが起こるに違いない」という恐怖があるので、ながら作業をしていると恐怖が増幅されてしまいます。**

目の前のことに集中するのは危険
↓
ながら作業=恐怖が増幅する

目や耳に入る情報から恐怖に合致した情報だけを拾うし、しかもじっくり考えずに「真実だ」と受け止めてしまうため、未来への絶望が増すのです。

また、家の中を移動するときもスマホを握りしめている人。それも社会から離脱することの恐怖に根差しているので、恐怖を強化してしまいます。

大半の人は、「ストレスがたまる」とか「気乗りしない」とかの理由で、ながら作業をやっているつもりでいますが、実は深刻な本能が根っこにあります。

もし、無意識にながら作業を習慣化しているのに気づいたら、その場でやめるようにしましょう。

反すう思考をやめる

反すう思考も恐怖を増幅させます。

反すう思考とは、おもに否定的な過去のことを思い出したり、まだ来ていない未来に対して否定的な形で想像することです。「ぐるぐる思考」とも呼ばれます。

反すう思考はなぜ起こるかというと、**「過去にひどい目に遭ったからそれを忘れてはいけない」と、無意識にサバイバルのための自己学習、復習をしているのです。**

そのとき「未来にも同じことが起こったらこうしよう」と考えるなら優秀です。対策を立てるための思考なら、意味があります。

でも、単に「嫌だったこと」や「起こってほしくないこと」をぐるぐる考え続けることは、学習にも対策にもなりません。

そして、本人の中ではまさに今、否定的な出来事が起こっている感覚になるので、世界は恐怖に満ちたものになり、社会や自分の未来に絶望してしまいます。


多くの人は、自分の反すう思考に気づいていなかったのですが、マインドフルネスが出てきて、やっと気づく人が増えてきました。

僕は、発達障がいの人たちに対しても**「ひどすぎる反すうが心身をむしばむ」**と昔から言い続けていますが、ツイッターでもYouTubeでも、「吉濱に指摘されて初めて気づいた」というコメントが山ほど寄せられます。

1日の思考の90パーセントはお金の不安である、というのはけっこう高いレベルでエビデンスがある話ですが、これも大半の人は気づいていません。

恐怖を増幅させる行動をやめる第一歩は、気づくことです。気づいてその場で思考をストップさせる。これを続けていけば、恐怖は減っていきます。

意識して外に出る

家に閉じこもらず、外に出ることも大切です。

外に出ないでいると、注意が否定的な方向にばかり向き、考えなくていいことばかり考えるし、SNSなどで否定的な情報を拾い続けてしまいます。

もうひとつSNSが問題なのは、目にしたのが良い情報だとしても、人が豊かに楽しく暮らしている様子を自分と比べて絶望したりすることです。

なぜなら、**人と自分を比べると、自分が劣った存在だと感じて集団からはじかれる恐怖が生じるからです。**

すでに書いたように、人は原始の時代から、自分の能力的な立ち位置を確認するために、同じ集団の誰かと比較することが必要でした。だから今でも、自分よりも他人の方が優位だとわかると落ち込むのです。

Facebookやインスタグラムなどでも、一生懸命集客のためのキラキラを演じている人が多いし、それを真に受けて落ち込む人も多い。「この人はホテルで優雅なランチを楽しんでいるのに、私は安いお弁当を食べている」と暗くなるわけです。

だから、外に出ましょう。そのときも注意は脅威の方向に向きますが、外ではいろいろな方向に注意が向くのがメリットです。

美しい花、変わった建物、歩いている人などにも注意が向き、そこから入ってくる情報にあまり否定的なものはないでしょう。

旅行も素晴らしいですが、毎日は行けません。普段の日も、外に出ることで注意を健全な方向に保つことが必要です。近所の散歩やちょっとした買い物程度でかまわないので、意識して外に出ましょう。

未来に絶望している人とはつきあわない

人には、普段入力している情報で未来を決定する傾向があります。

そして、つきあっている人の情報によっても注意を向ける方向が変わります。

もしバリバリの陰謀論者だったら、つきあっている人が固定されればされるほど、共鳴し合っているから支持し合うし、心地よくて離れられなくなります。そして、お互いに発信している内容をより信じるようになります。

当然、未来に絶望する人たちとつきあうと、**「未来は絶望」という認知で固まっていくのです。**

ですから、つきあっている人の話す内容が偏っていないか、エビデンスに基づいているか、人を脅かすような内容か否かを確認する必要があります。

そして、もし彼らの話があまりにネガティブだったり、思い込みで物事を決めつけていたり、聞いていて不安になることが多ければ、距離を置いた方がいいでしょう。

世界は一貫して良くなっている事実を見る

世界が良くなっていることを示す情報を、自分で意識的に検索しましょう。

それも定期的に見ることが大切です。

人は良い情報を忘れるようにできているので、繰り返しそうしたものに触れることが必要なのです。

エネルギーがフリーになることで、人類の多くの苦しみが解決することを理解する

今後、核融合技術が確立されて、まったく問題なく延々と稼働できるようになり、日本全国にいくらでも電気を供給できるようになったとします。

そうすると、たぶん多くの人は「電気代がタダになってラッキー」としか思わないでしょうが、実際にそこから我々が受ける恩恵は、とんでもなく大きいことを理解してください。

第4章にも書いたように、人類最大の課題である「欠亡」を解消するにはエネルギーが必要です。そのエネルギーが無料で使い放題になるということは、**「生存に必要なすべてが満たされる」ことを意味するのです。**

日本の食料自給率は70パーセント

日本の将来に悲観的な人がやたらと口にするのが、食料自給率の問題です。

「食料危機が来るから、自給自足ができる日本を作るべきだ」

「日本の食料自給率はたった38パーセント。海外から食料を止められると大変だから、もっと自給率を上げないといけない」

しかし、そもそも「日本の食料自給率38パーセント」という数字自体がインチキだということは知っていますか？

これは、他の国はどこもやっていない、おかしな計算方法で出された数字なのです。

それを知らない人は、この数字を見て「日本は足りない分の62パーセントを海外から輸入している」と思いますよね。でも実際はまったく違うのです。

日本の農水省がどんな計算方法を使っているかというと、まず、国産のあらゆる食べ物をカロリーベースに置き換える。そして、海外から食べ物を輸入したらそれもカロリーに換算して、その分だけ自給率の割合を減らしていくというものです。

つまり、超わかりやすく単純化すると、１００キロカロリー分の国産の食料があって、国民が食べるのに完全に足りる量だったとしても、同じ１００キロカロリー分の食料を海外から輸入していたら、食料自給率は50パーセントになってしまいます。

実質的に足りていても、余っていても、輸入量が増えるほど自給率は下がっていく。薄まっていく。そういう、何の指標にもならない数字なのです。

しかも、国内生産であっても、牛、豚、鶏、卵、生乳は、海外から餌を輸入しているから国産食料のカロリーには数えないとか、カロリーの高い油、小麦、砂糖はほとんどが輸入品だからさらに自給率の数字が下がるとか、山ほど問題点があります。

これを生産額ベースで計算し直すと、**日本の食料自給率は70パーセントまで上がります。**

これはドイツと同じで、58パーセントのイギリスより多い。ちなみにフランスは83パーセント、アメリカは92パーセントです。

そこまで不安にならなくてもいい数字だと思いませんか。

食料よりも重要なのはエネルギーの確保

それはともかく、現実問題として、食料よりも石油を止められる方がずっと大変です。エネルギーがなければ、そもそも生活自体が成り立たなくなります。

だから、一生懸命自給自足で食物を作るより、まずエネルギーを自給自足する方が大事なのです。でも、一部の人たちは食料とエネルギーが頭の中で結びつかず、なぜか食料のことばかり言っているのです。

電気を軽視する人は、自分の命が、生活が、どれだけ電気によって支えられているか理解できていません。電気がなければ飲料水も作れないし水道も使えない、食料も作れない。逆に言うと、電気があればすべてを作れます。

途上国の貧困地域がなぜ十分な食料を作れないかというと、食料生産技術の問題もありますが、一番の理由はまともに電気が通っていないからです。

次世代型原発と核融合の技術で日本が先行していることを知る

エネルギーフリーになる決め手は、次世代型原発と核融合ですが、その分野では日本の研究開発が先行しているので、独占状態になることも可能です。

そうした研究、開発が進んでいることはネットでいくらでも拾える情報なので、知っておく、意識しておくことが大切です。

もうひとつ、日本はオワコンだと言っている人たちは、こんな考えを持っています。

「日本にはもう技術がなくてこれから先しっかり稼げるイノベーションがない」
「産業がなくなり、経済が衰退する。自分もそのマイナスの影響をかぶって欠乏する」
でも、それは大きな間違いです。

新型原発と核融合技術は、究極の稼ぐ元になるフリーエネルギーを作り出す技術です。その技術で日本は先行しているのですから、とんでもなく未来は明るいのです。

誤ったネガティブな考えを払拭《ふっしょく》するために、そのことを知りましょう。

2025〜2030年のスピリチュアル的な対策

2025年から2030年にかけて、あなたのスピリチュアル面で役に立つ対策がこちらです。

簡単にできることばかり集めたので、日常の習慣に取り入れてください。

アセンションが進行していることを理解する

これまでの著書にも何度となく書いてきましたが、現在、地球はアセンション（次元上昇）が進行中です。

ここでアセンションの定義を再度確認しておきましょう。

アセンションとは、スピリチュアルの平均的な理解でいえば、地球と地球に住む万物が「非物質化」していくこと。

それが完成したときは、地球を取り巻いていた幽界冥界のよろしくないエネルギーはすでに消えています。ホログラフィーの視点で言うなら、幽界や冥界のエネルギー情報がほぼない状態で非物質化しています。

「完全に非物質化していなくても、**非物質・半物質である」という不思議な状態です。**

現実次元で言えば、まず、あらゆる欠乏が解消されている状態になります。

人間の否定的な感情が一掃され、知能もかなり上がっているはずです。意外に対して働きかけたりとくに情報を入れたりしないのに、心にはつねに穏やかな喜びが湧いている状態です。当然、病気や老化もありません。

現実的な視点でも、UFOの存在があからさまに確認できるなど、今は珍しい現象もさほど珍しくない状態になっているでしょう。

以上のような状態になるのがアセンションです。

朝日を龍神に見立てて、高次のエネルギーを受け取る

アセンションのプロセスでは、幽界・冥界が消滅していくのに伴って、長期にわたって否定的なエネルギーが地上に充満します。

それは当然、人間の心身にもよくない影響を与えます。とくに発達障がい＝スターシードの君の場合はそれが顕著です。

そうした影響を軽減し、自分の中によいエネルギーを入力するために、おすすめの習慣があります。

「朝日のエネルギーは
高次の光である」
と意識することで
太陽からの高次のエネルギーを
受け取ることができる
朝日のエネルギーは
龍神のエネルギーでもある

それは、**朝日を龍神に見立てて、高次のエネルギーを受け取ることです。**

朝日は、明るく清々しく健康に良いというだけでなく、実は高次のエネルギーそのものです。それを「高次の光である」と意識することで、初めて太陽から降り注がれる高次のエネルギーを受け取ることができるのです。

そのうえでもうひとつ重要なのは、**朝日のエネルギーは、実は龍神のエネルギーでもあるということ。**違う言い方をすると、高次に存在する龍神エネルギーが、太陽光という形で降り注がれているわけです。

なぜ龍神なのか?

太陽光といえば天照大神《あまてらすおおみかみ》を連想する人が多いと思いますが、なぜここでは龍神を介するのか、その理由を説明しましょう。

まず、エネルギーの視点で世の中に変化を起こすためには2つの条件があります。

1つめは高次であること、2つめ、高次であるにもかかわらず濃密にこの物質次元に介入できること。龍神が尊ばれる理由は、この2つを満たしているからです。

天照大神のような高次の意識体は、あまりにも物質次元と波動特性が違うので、どうしてもこちらの次元に積極的な介入ができません。そこで、ただ見守るか、または高次の別の何者かに託して介入する方法をとります。

一方、**龍神は高次でありながら高次のエネルギーが濃密なままで物質次元に介入できる不思議な存在です。**スターシードはそれをなんとなく直観的に感じているので、龍神に惹かれ、崇敬する人が多いのでしょう。

ただし、いくら龍神でも、人間の側が何も意識しない、あるいは媒介が使われない場合には、エネルギー的に介入するのは難しい。だから祝詞なり、龍神を下ろすイメージワークやエネルギーワークがあるのです。

その中で有効な媒体のひとつが太陽です。

でも、太陽が降り注げば誰でもそのエネルギーの影響を受けるわけではなく、準備のできている人だけが受け取れます。


こうした濃密なエネルギーを無差別に受け取ってしまうと、エネルギーが過剰活性して、気功でいう偏差（アンバランスな状態）、もしくはヨガでいうクンダリーニ症候群（準備不足の状態で覚醒が起こるために生じるさまざまな症状）に似た状態に陥る危険があるのです。

龍神を意識することが安心の人生につながる

太陽光から龍神のエネルギーをチャージする準備としては、ふだんの身体づくりやグラウンディングが欠かせません。

もうひとつは、単純に**「意識すること」が必要です。**それによって龍神との波動共鳴が起こるので、太陽光を通して龍神のエネルギーを入力できます。

そうすれば、自分の不安を作り出すエネルギー体としての幽界冥界のエネルギーは自動的に減り、それに加えて、地上にいながら、無意識のうちに高次の存在とエネルギー交流を行ないやすくなります。

すると、高次の龍神の数段階手前にあるハイヤーセルフとしての自分、もしくは故郷星の自分との共鳴が強くなり、それが無条件の自己有力感につながった結果、安心して生きられるようになるのです。

恐怖や不安が減ると同時に、安心することによって、人生を決定する、人生を取り巻くパラレルがより良い方向に改善されていきます。

そういう意味で、朝日を見ることはスターシードにとって非常に素晴らしい結果をもたらします。これから起こる大変化に備えて、ぜひ身につけてほしい習慣です。

実際の太陽の見方

原則として朝9時頃までの光を見ます。

まず、太陽を見る前に**「アマテラス、龍神、ハイヤーセルフ合一」**と1回軽く思う。そのとき可能なら、少し手を広げて受け入れる形を作ります。

裸眼の場合は、ほんの一瞬だけ太陽を直視して、あとは目をそらします。

眼鏡やコンタクトの場合は、絶対直視しないで光を感じるだけにします。

1分間ほど、軽く光を浴びるような形で十分です。

そして、可能なら**「太陽のエネルギーが体にしみわたる」**とか**「突き抜けていく」**と思うようにします。イメージはしなくてかまいません。

こんな簡単なワークだけでも、あなたのエネルギー体やパラレルワールドが大きく変わっていきます。

時間がなければ、移動時に軽くそれを意識するだけで大丈夫です。

地域や天候によって太陽光を浴びられなくても気にしなくていいし、できるときにやれば十分です。

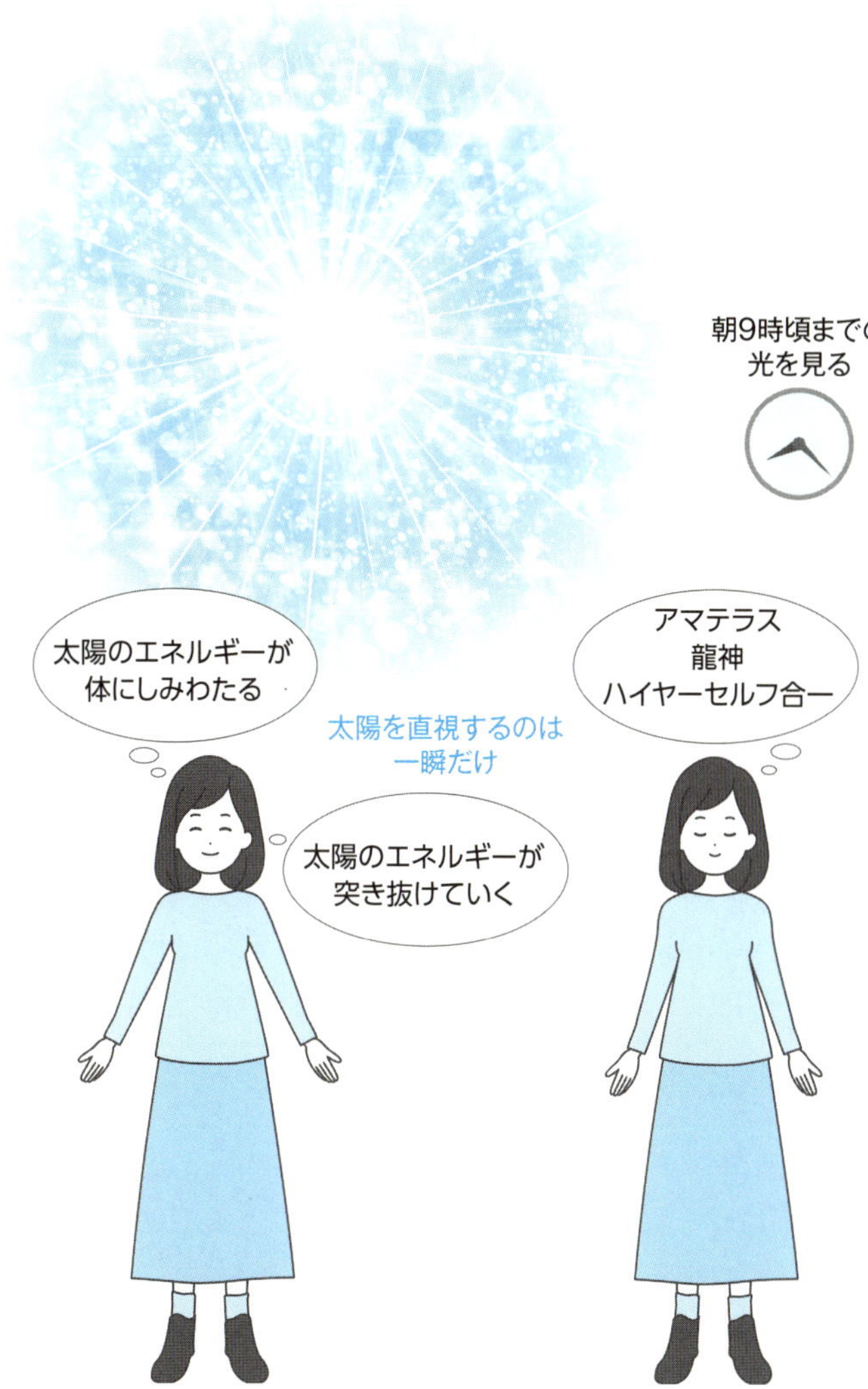
朝9時頃までの
光を見る
太陽のエネルギーが
体にしみわたる
太陽を直視するのは
一瞬だけ
太陽のエネルギーが
突き抜けていく
アマテラス
龍神
ハイヤーセルフ合一

コラム　僕が闇の勢力であるならば

僕は常日頃、陰謀論者の矛盾点を突いたり、資本主義や原発やスマート農法のメリットを熱く語ったりするので、たまに「吉濱は闇の勢力側の人間だ」とディスられることがあります。

では、もし僕が闇の勢力だったら何をするか、こっそり教えましょう。

まず、**無農薬・無化学肥料・無除草剤の農業を推奨します。**

それだと生産性が落ちて、どんなに頑張っても地球全体で45億人しか食べさせられないからです。また、感染症や寄生虫感染が続発して、人々の健康にダメージを与えられるからです。

自然派の農業を推進すると、土地の確保のために森林をどんどん伐採しなければならず、地球が丸裸になるので、より過酷な環境を作れるという点でも有効です。

もし、僕が闇の勢力で、人口を削減したいと本気で考えているなら、それと同時に**すべての食品添加物を撤廃します。**

そうすれば、加工食品が日持ちしないのですぐ廃棄されるようになり、食料の供給が難しくなってさらに人口が減ります。

でも、陰謀論を信じている人たちは「農薬化学肥料除草剤ダメ、添加物ダメ、遺伝子組み換えダメ」と言っているのですから、そうすることを手放しで喜んでくれるはずです。

一方、闇の勢力側としては、それによって世界的な食料不足を起こして人口削減ができる。お互いの利益が完全に合致するわけです。

これから起こる否定的出来事

この章の最後に、近い将来に起こりうる否定的出来事についても触れておきます。

しかし、破滅的なことにはならないので、あまり心配する必要はありません。

淡々と「こういうことが起こりうる」と認識しておくことと、感染症や災害に対してできる範囲の対策をとること、この2つを心がけてください。

豚インフルエンザ

身近にある脅威のひとつに、豚インフルエンザがあります。

人類史は感染症の歴史でもあり、人類の寿命が飛躍的に延びたのは、感染症を抑え込むのに成功したからです。それでもいまだに対処が必要な感染症もありますが、その中で最も要注意なのが豚インフルエンザです。

豚インフルエンザを簡単に言うと、豚の中でヒトインフルエンザと鳥インフルエンザが悪魔合体したものです。

鳥インフルエンザは強毒性で知られていますが、強毒性のウイルスには感染力が弱いという特徴があります。それゆえに、鳥インフルエンザはパンデミックになっていないのです。


でも豚インフルエンザは、強毒性でありながら、通常のインフルエンザと同じような強い感染力を持つというやっかいな特徴があります。

体温の高い鳥が感染する鳥インフルエンザは、体温が41〜42度の環境でないと繁殖できず、体温が36度程度の人間には感染しません。でも、体温が39度ほどの豚の体内なら生息できます。また、ヒトインフルエンザも豚の体内で生息できます。

そこで豚の体内で両者が合体して、39度ぐらいの環境でも生きられて、鳥インフルエンザよりも容易にヒトに感染するインフルエンザが出来上がるのです。

しかもこのウイルスは、鳥インフルエンザと同等かちょっと落ちるぐらいの強毒性を保っています。

この豚インフルエンザが、人間に感染してパンデミックになる可能性があります。

これが近未来のパンデミックの本命です。

もしこれを陰謀論でとらえるなら、新型コロナはその練習版だった可能性もなきにしもあらずです。

感染医学においては、「豚インフルエンザのパンデミックは必ず起こる」というのが前提になっています。１００年後かもしれないし、今この瞬間に起こってもおかしくないとも言えます。

なぜなら、豚インフルエンザウイルスはもう存在しているからです。

近いところでは、２０２７年頃に起こる可能性もあります。

190

最悪の想定では、もし豚インフルエンザのパンデミックが起こると、致死率は2〜3パーセント、強毒性で感染力が高いので人は外に出られなくなり、社会機能はマヒします。コロナの時よりもっとすさまじいロックダウンが全世界的に起こる可能性があります。

でもおそらく、実際はそこまで深刻なものにならないでしょう。

致死率は0・1〜0・2パーセントにとどまる可能性もあり（それでも高いですが）、そこまで広まらず、コロナがちょっと深刻になったぐらいでおさまる可能性もあります。

少なくとも、感染症パニック映画のような状況にはならないはずです。

そもそも感染症は一定の周期で起こっているもので、私たちは常にそういうリスクの中で生きています。普段からそういう意識で生活することが、自分の身を守ることにつながるでしょう。

首都直下型地震

首都直下型地震に関しては、東京の真ん中あたりを震源として、震度6強ぐらいの地震が起こりそうです。

数値としては震度7が出てしまうことがあるかもしれませんが、実質的に震度6弱〜6強ぐらいなら、東京なら3日間インフラが止まった後に動き出すぐらいの被害でおさまるでしょう。

建物も、外壁が崩れたりすることはあっても、崩壊する危険性はきわめて少ないといえます。埋立地には軽く液状化が見られるでしょうが、今の技術は進んでいるので、建物が沈むような被害はないはずです。

結論から言って大惨事になることはまずないし、「これで大きなエネルギーが解放されるのだから御《おん》の字」と思える結果になるでしょう。

南海トラフ地震の危険性もよく言われますが、地震調査委員会が発表した「今後30年間にM8～9クラスの地震の発生率が70～80パーセント」という話は、真に受けないでください。

なぜなら、そのデータは測定の仕方がめちゃくちゃだからです。

地震の確率計算には「単純平均モデル」と「時間予測モデル」があり、南海トラフ地震の発生率は前者では20パーセント、後者では約80パーセントと言われています。

しかし、時間予測モデルは、その論理も元になっている数値もあまりにも破綻しています。たとえば、過去の地震のデータを用いる際に、測定誤差や地震発生から測定までの変動が考慮されていないなど、数々の問題点が指摘されています。

地震学者たちも「時間予測モデルは信頼できないから単純平均モデルに戻すべきだ」と政策委員会に提言し続けているのですが、いろいろな都合で今さら20パーセントに訂正できないということで、「南海トラフ地震の発生率は80パーセント」のままになっているのです。

したがって、この数字を持ち出して「もうすぐ南海トラフが来る！」と言っている動画やブログは、根拠が怪しいと言えます。

米中ホットフラッシュ

近い将来、アメリカと中国の間でホットフラッシュが起こる可能性はありますが、第三次世界大戦になることはないと断言できます。

ただ、その際は沖縄の南西諸島が巻き込まれるので、日本の自衛隊が戦後初めて血を流す事態にはなるかもしれません。

それでも、日中戦争に突入するとか、自衛隊の多くが殉職するとかの惨事にはなりません。1~2週間ホットフラッシュが起こって即時停戦という形になります。

なぜこれが起こるかというと、中国経済がどんどん弱っていることが根本的な原因です。習近平は基本的に共産主義なので、国民に力を与えたくない。一党独裁を守るために、国内の成長産業をこれでもかとつぶしています。国の経済が弱くなるとわかりながら、そうしているのです。

経済力イコール軍事力なので、経済が弱ると軍事力もだんだん弱っていきます。でも、全世界を支配したい中華思想がいまだにあるので、今までの蓄積があるうちにアメリカを殴っておこうというわけです。

中国が衰退すればするほど、その可能性は高まっていきます。

中国は、日本への侵略もまだあきらめていません。日本を分割して、チベットと同じように自らの支配下に置くことを望んでいるのです。

これを抑止するために必要なのは、軍事力を強化することと、サプライチェーンを中国依存にしないことです。つまり、中国とつきあわないという選択です。

今までは中国とつきあわざるをえませんでしたが、ロシアとウクライナの戦争の影響で、世界全体がグローバルチェーンでなくブロックチェーンに戻りつつあります。

日本も、円安のせいだけでなく、海外で何かあった時の影響を見据えた工場回帰が進んでいます。購買力が落ちている中国は、市場としての魅力も以前ほどではなくなりつつあります。

そうなれば中国の顔色をうかがう必要もなくなり、日本を守るうえで有利になるのです。

第7章

個人の問題が解決しやすくなる世の中がやってくる

未来へ希望の持てる時代へ

結論から言うと、これからは、どんどん個人の問題を解決しやすい世の中になっていくでしょう。

人は問題があると心を痛めます。それが重い内容だと一時的に心を病《や》み、病んだ視点で情報をとらえるので未来に絶望してしまいます。また、ひんぱんに問題が起こるような状況におかれた時も絶望を感じます。

そもそも陰謀論を信じる人は、自分の問題に絶望しているのですが、「自分の問題は闇の勢力のせいだ」と陰謀論に依存することで、情緒はますます悪化していきます。問題が解決できないことで絶望感が生まれ、絶望バイアスで世界を見るから絶望感がますます強まるというループにはまってしまうのです。

しかし、問題解決がしやすい状況が訪れると、「次の問題が発生してもどうせすぐに解決できる」という良い意味での楽観主義が生まれ、心を痛めにくくなります。

これによって絶望感が減り、世界を明るくとらえるようになるのです。

うれしいことに、これから先の時代には、問題を解決するための条件がそろっています。

逆に言えば、これまでの時代は問題解決を阻《はば》むものがあまりに多かったため、問題に絶えず悩まされ、未来にも希望が持てなかったわけです。

次の項目では、次第に終わりが近づいている「問題解決ができない時代」の９つの特徴を挙げていきます。

問題を解決できない時代の特徴

1　適切な方法を探せない

問題を解決できない時代は、まず、問題解決のための方法を探す手立てがなく、どうしていいかわかりません。

紙の書籍では検索もできないし、重要な部分だけを簡単に抽出するのも難しい。

ネットの情報も体系化されていないし、いざ調べようとしても「どれが必要な情報なのかわからない」「難解すぎる」「自分にとって適正なのかどうかわからない」「正しいのかどうかわからない」「すべてを学習できない」「実際の場面で具体的にどんな言動、方法をとるべきかわからない」など、さまざまな壁にぶつかります。

また、ネットの情報は知識的な問題には強いものの、知恵的な問題には弱いので、実用性の面で難があります。

たとえば、ビデオカメラの4Kモードの設定は知識さえあればできます。でも、泣かせる映像作品の編集には知恵が必要です。

適切なコミュニケーションに関して、「明るく挨拶《あいさつ》するとよい」というのは知識の世界ですが、「その場の状況に合わせてどんな言葉を添えるか」は知恵の範疇《はんちゅう》です。

そのため、問題解決にふさわしい情報を自分で探すのは、きわめて難しいのです。

2 適切な方法が高すぎる

適切な方法を自分で探せないなら、結局は他人にオーダーメイドでやってもらうしかないということになります。でも、それには多額の費用が必要です。

ビジネスを軌道に乗せたい人が超一流の経営コンサルタントを雇おうとすると、1時間20万円レベルの高額なコンサルタント料を取られます。

忙しい人が、家事や育児の代行を毎日頼むと、月に30万円はかかります。

子どもの発達促進や個人のパフォーマンスアップを手助けするビジョントレーナー、マンツーマンでトレーニングの指導や栄養管理をしてくれるパーソナルトレーナー、いずれも料金は高額です。

結局、金銭的な余裕がないと、他人に頼んで問題解決をすることもままならないのです。

3　科学技術がない

どうしようもない原因で発生する問題もある

個人の悩みや困りごとは、人の認知や体力を超えたところで発生する面もあります。

つまり、人は何か問題が起こると「自分が引き起こしている」「自分が原因だ」と思いがちですが、それは本当に自分の思考、体力、行動力の範囲内で起こったのかというと、一概にそうとは言えません。

食料不足、水不足、エネルギー不足などの「欠乏」が前提にあるために生まれる悩みも数多くあります。

昔は水害で田畑をやられ、飢餓《きが》で苦しむ人たちもいましたが、それは人智を超えた範囲のことで、個人の責任ではないですよね。

実は、それと同じようなことが現在も起こっているわけです。

たとえば仕事の人間関係の悩み。仕事とはそもそも欠乏が前提の奪い合いなので、そこから人間同士の問題が生まれています。自分が悪いと思わなくていいのです。

それなのに、多くの人は背負ってはいけないものまで背負ってしまい、あるいは「お前が悪い」と責められて、心に罪悪感が根づいた結果、いろいろな問題を自分のせいだと思い込む傾向があります。そのことをまず認識しましょう。

科学技術なしで解決できる問題は少ない

自分のせいではなく、自分を取り巻くさまざまな「欠乏」のために発生する問題はいくらでもあります。

そして、科学技術なしでそれらが解決できるかというと、ほぼ無理な話です。

実際、ヒューマンエラー（人間が発生させるミスや事故）の科学でも、個人の属性に合わせて考えることはしません。あくまでも環境やしくみに原因を求めていきます。

夫婦関係の問題もそうです。子どもあり、妻は専業主婦で仕事なし貯金なし、頼れる親戚家族もいない。そういう場合、何か問題が起こると妻の立場は圧倒的に弱く、夫婦関係が悪化しても簡単には別れられません。

でも、フリーのエネルギー、フーズ、ドリンク、ハウスが完備された世界で、しかも子どもの教育はＡＩにまかせることができ、かつ誰でも最高の教育をＶＲ（バーチャル・リアリティ）で受けられる環境があったらどうでしょうか。

離婚は減るだろうし、別れる場合も泥沼のトラブルになったりせず、けっこうあっさり別れられるはずです。

それをふまえると、夫婦の間の「別れたいけど別れられない」「夫の態度がひどいけど我慢している」などの人間関係は、妻に問題解決力がないのではなく、フリーエネルギーやフリーフーズを可能にする技術がなかったから生じたとも言えるのです。

交通事故もまさにそうです。高度なセンサーと自動運転技術があれば、たいていの事故は防げます。少なくとも致命的な事故は激減するでしょう。

こうした技術があれば、刑務所に行かないで済んだ人も山ほどいます。本人がどんなに気をつけていても、人智を超えたところで発生する事故もあるからです。

人の進化は無力になっていく連続

しかも、**生き物としての人間は、進化するほど無力になり、問題解決能力がなくなっていきます。**

なぜそういえるのか。あくまでも現実次元の話ですが、人間の進化とは、能力を身につけることではなく、体内の機能を失っていく作業だからです。

たとえば、ヤギはすごい動物で、体内でビタミンCを合成できる能力を持っています。かつては人間も同じことができた可能性があります。

でも、エネルギー消費量が莫大すぎるため、進化の過程でその能力を手放したのです。その結果、人間は風邪をひきやすくなり、回復にも時間がかかるようになりました。

筋肉も、体の中ではエネルギー消費が激しい部位なので、身体を動かさないでいると勝手に落ちるようになっています。

このような人間の弱点を補うために、サプリメントや薬、さまざまな医療技術などが開発されてきました。そういう意味でも、人間が問題を解決していくために、科学技術の存在は不可欠なのです。

直観に従うとは丸投げすること

問題解決の手段として、「直観に従う」というものがあります。実際、自分は直観を重視して物事を決めているという人もいるでしょう。しかし、そこには大きな落とし穴があります。

たとえば「Aを選んだ方がいい」という直観が入ったとしたら、これは自分の意志ではないので、人に言われたのと同じ。自分の思考を放棄した「丸投げ」の状態です。

それで本当に問題解決ができるのかというと、無理だと言わざるをえません。

人間は、直観を得ると「思考という機能」が部分的には抑制されます。

直観とは、論理的な思考や思慮を通さずに「正しい答え」を出せる能力ですが、それは、思考という莫大なエネルギー消費を抑える行為なのです。

もし高度な直観力があるのなら、確かに思考は不要。高度な直観力の前には、思考など役に立たないからです。

ただ、現時点では、高度な直観力を自由自在に発露できる人間など誰もいません。

名だたるチャネラーや霊能者で、高次元から情報を受け取り、「実は、世の中は統計的にこんなふうによくなっています」と語れる人間などいないでしょう。

大半の彼らが言う直観力は、単なる思いつき程度の低い思考でしかなく、それと高度な直観を混同しているだけなのです。

だったら、まだしばらくの間は直観などあてにせず、統計に基づいた思考で問題解決をはかるのが妥当です。

そして、前述のように、人間はホモ・サピエンスになって時間が経てば経つほど問題解決能力を失っていくのだから、科学技術をうまく活用していくことも必要なのです。

2つの科学技術の欠乏で地獄が生まれている

たとえば、紙でもデジタルでも、もしメモ帳がなかったら仕事にならないですよね。もし文字や声を拡散させる技術がなかったら、欲しい情報も手に入りません。身体づくりの重要な基本となるサプリメントも、すべて科学の産物です。

このように、我々はすでに科学技術から大きな恩恵を受けていますが、より根本的な問題の解決には、さらなる技術の進展が必要です。

簡単に言うと、問題解決できない時代の地獄は、

◆フード、ドリンク、エネルギー、ハウスをフリーにする科学技術
◆実行機能、神経伝達を健全に活性化する科学技術

これらの欠乏によって生まれているからです。

人間最大の恐怖は、欠乏に対する恐怖です。

生きるための食料やエネルギー、住居などが自由に手に入る環境になったとき、初めてその恐怖から逃れられます。それには当然、高度に進化した科学技術が必要です。

また、仮に、人間自身に問題の原因があった場合、それを解決するには、人間の脳の実行機能や神経伝達がしっかりと働く必要があります。

これはすべての人間に当てはまりますが、その中でもとくに発達障がい人の問題解決に欠かせない要素です。

アスペルガー症候群のコミュニケーション能力不足による人間関係の問題や、ADHD（注意欠如・多動症）の人の実行機能不全による忘れ物や間違い、事故など、さまざまな問題は、科学技術なしでは解決できないのです。

4 科学技術の値段が高い

もしＡＩに苦手なことを丸投げできるとしたら、人間が抱える問題のかなりの部分は解決できます。

しかし、高度なＡＩ活用の決め手となる２０００ビットの量子コンピュータには、２０２４年の時点では17億円の値段がついています。

科学技術が高額な時代には、たとえ優れたＡＩがあったとしても、一般の人たちはそれを問題解決に使うことができないのです。

5 対応できる人間を探せない

たとえば、家事、育児、教育、介護などに関しては、腕の良い他人が解決してくれる面が大きいといえます。自分で何とかしようとしても、時間と体力と技術の取得に限界があるからです。

しかし、対応してくれる人をアナログで探そうとすると、壁にぶつかります。

知り合いの人数も限られているし、広告を打ってもカバーできる範囲は限定的です。

また、もし探せたとしても、その人が本当にニーズを満たしてくれる人かどうかは、仕事を頼んでみるまでわかりません。

このように、自分に必要なスキルを持った人と確実に出会える環境がないことも、問題解決を難しくしています。

6 お金がないと生きられない

お金がないと生きられないこと、お金が生きるための絶対条件になっていることも、問題解決できない時代の特徴です。

そういう状況では、人は収入源や資産をなくすことに強い恐怖を感じます。

そこから、お金のために切れない人間関係が生まれます。

職場にいやな上司がいても我慢して相手に従ったり、不仲な親族や配偶者とも、別れて暮らすことができなかったりします。

また、お金のために、やりたくない仕事や得意でない仕事も辞められない、ということもあります。

7 未来に希望がない

絶望の未来を想像しながらやる気は出せない

どうせ、何をやってもダメだろう。

そんなふうに未来に希望が持てないと、やる気は出てきません。

地面を掘っても水も石油も出ないなら掘るのをやめてしまうのと同じで、やる気がない状態だと問題解決への道は遠ざかります。

ずっと昔から終末論が存在することからもわかるように、人の認知においては、「未来はアウト」が前提になっています。

日本をオワコンと信じている人は、「どうせどんなにがんばっても、終わった日本に巻き込まれてすべてが帳消しになる」としか思えないので、やる気が出てきません。

1年後にこの会社は清算されるとわかっていて、すでに働いても給料が出なくなっていたら、はたして一生懸命仕事をするか？　ということです。

問題を大打撃としてとらえてしまう

未来に絶望していると、人は「今起こった出来事はプラスに転じる」と、とらえることができません。したがって、目の前の問題に大きく心を揺さぶられます。

たとえば1億円の借金をしても、5年後に10億円が得られるとわかっていたら、深刻にはなりません。「いい勉強だ」ぐらいに思えます。

でも、これからどんどん収入が減ることを確信していたら、1億円の借金はものすごい危機感をもたらすでしょう。その違いは、未来に希望があるかないかの違いです。

もっと身近な例で言うと、今の日本で暮らしていて買い置きの食べ物を腐らせても、「しまった」とは思うでしょうが、ガックリ落ち込むことはないはずです。まだしばらくは、たくさん手に入るという前提があるからです。

でも、もし食料危機の真っただ中で、備蓄していた食べ物がダメになったら？　きっと大絶叫するでしょう。「未来も食料を得ることができないから、この損失は埋めようがない」と感じて、大きなショックを受けてしまうのです。

8　メンタルが原因で解決策を実行できない

自分が直面している問題を解決する方法がわかっても、感情が追いつかないと実行に移すことができません。

習い事をしようと思っても、「自分に合う教室かどうかわからない」などの心配事が先に立ち、怖くて行けない。

仕事関係でつまずいて、同僚に質問すれば解決できるのに、罪悪感が先に立って聞くことができない。

ストレスが強すぎて、それを紛らわすためのゲーム依存や夜更かしなどの悪習慣が加速して、やるべきことに取り組めない。

こんなふうに、**メンタルの状態が悪いと、本当は難しくないことも難しく感じて実行できなくなります。**メンタルを保つ方法もわからないので、延々と同じ状況が続いてしまうのです。

9　想念の制限が強すぎる

ホログラフィー上に残る幽界や冥界のエネルギーに妨害され、想念の力が現実世界に反映されにくいのも、問題解決ができない時代の特徴です。

そのような状況で、「偶然が重なってうまくいく」「予想もできなかった方法で問題が解決する」などの幸運をつかめる人は、少数派です。

そのことが、人々の「願いがかなわない」という認知を強め、絶望を招きます。

そして、「願ってもダメだ。現実的な手法しか意味がない」ということになるので、問題解決への道はますます険しいものになってしまいます。

これからの時代は個人の問題が次々と解決されていく

以上のような特徴をもった生きづらい時代はまもなく終わり、これからの時代は、個人の問題がより解決しやすくなります。

これまでの時代に欠けていた要素が、ことごとく満たされていくのです。

「解決できなかった時代」と「できる時代」、それぞれの項目を照らし合わせて読んでみると、めざましい変化に驚くことでしょう。

1　ネット検索がより優秀になる

現在の検索エンジンは、その人が入力した検索語句や、以前見たページなどを元に興味・関心を判断して、それに沿った情報を提供します。

そのため、表示されるコンテンツに偏りが生じたり、不正確な内容が混じっていることがありました。

でも、これからのネット検索はより優秀になります。

「その人の表面的な欲求に沿わないけれど、正しい情報」を論理体系化して、かつ、検索者の知的能力に問題のない範囲でわかりやすく提示してくれます。

要するに、人がアクセスする情報の偏りを正してくれる、そういう方向性で開発が進んでいるのです。

ChatGPTのような対話式AIの機能も、より洗練された美しいものになります。

2 情報はタダに近づく

インターネット上で取れる情報は、基本的にタダです。しかも、YouTubeなどには、本来なら有料で教わるようなレベルの情報も無料で流されています。

料理の作り方、フィットネス、英会話、学術関係、ITツールの使い方など、あらゆるジャンルの有益な情報が、ほとんどタダで手に入るのが当たり前になっていきます。

3 超高度な科学技術が存在する

苦手を丸投げできる人工知能が現れる

苦手なことは、自分でなんとかしようとするよりも、完璧にこなしてくれるＡＩにまかせたほうが、効率的かつ効果的です。

それが実現できるような高レベルのＡＩが現れます。

フード、ドリンク、エネルギー、ハウスをフリーにする技術が確立される

食べ物、飲み物、エネルギー、住居などの心配がなくなれば、人は欠乏の恐怖から逃れることができ、より安心で、自由度の高い人生を手に入れられます。

実行機能と神経伝達の活性を、適度に副作用なく行なえる

仮に、個人の責任で発生する問題があるとするなら、その要因としては次の3つが挙げられます。

◆長期的合理的選択ができていない
◆認知が偏っている
◆行動すべき時に行動することができない

この3つは、端的に言うと、どれも脳の前頭前野の実行機能の不全によって引き起こされています。

元々、前頭前野の中のミトコンドリアの段階から機能不全が生じていて、浜松医大の研究では、「発達障がい、とくにアスペルガー症候群や自閉スペクトラム症の人にはその傾向が著しい」とされています。

もちろん、発達障がいでなくても、そういう状態の人々はいます。

そうすると前頭葉がうまく動かないので、情緒不安定、散漫な思考などの弊害が出て

くるのです。

また、神経伝達の方に問題があって、前頭前野を活発に動かせるドーパミンを放出できなかったり、情緒を安定させるセロトニンが機能していないような場合もあります。

その解決策になるのが科学技術です。たとえば超高度化した電気刺激によって、副作用なく、前頭前野の実行機能と神経伝達を活性化できるようになります。

すると、長期的・合理的選択ができる、認知の偏りがなくなっていく、取るべき行動が取れる、情緒が安定する、コミュニケーション能力が跳ね上がるという状態になり、人間関係でも仕事でも大幅に楽になります。

4 科学技術が無料に近づく

科学技術は、進化するにつれてコストが下がっていきます。

よく例に挙がるのは、「今持っているスマホのスペックを1995年の時点で再現しようとすると、最低500億円が必要」という話です。

それが今は10万円前後で買うことができます。それでも高いといえば高いですが、500億のものが10万になったと思うと、とんでもなく安いですよね。

この動きはさらに加速します。高くて手が出ないと思っていた技術がどんどん身近なものになっていくのです。

将来的には、量子ビットが1000万〜1億のゲート式量子コンピュータが、現在のスマホ並みの値段になり、極安の高性能人工知能が手に入るでしょう。

「科学技術はあるが、お金がかかり過ぎて問題を解決できない」という状況は、なくなっていくのです。

5 お金がなくても生きられる社会

人が問題として一番苦しみ、かつ解決が難しいものの代表は、いやな人との人間関係や、いやな仕事を続けることです。

会社に大嫌いな上司がいるけれど、辞めたら生活できないから縁が切れない。いやな仕事も、辞めたらお金が入らなくなるから続けるしかない。毎日がものすごく苦痛ですよね。

しかし、将来的にはすべてのエネルギー、ドリンク、フード、ハウスがフリーになるので、実質的にほとんどお金がいらない世界になってきます。

そうすると、わざわざお金のためにいやな人とつきあったり、いやな仕事をする必要がなくなり、自分から手放せる世界になるのです。

親元で暮らしてお金に困っていない学生が、アルバイトを簡単にやめるのと同じ感覚です。「お金あるし、別に平気」という、あの状態になってきます。

基本的にお金の本質は何かというと、マッチングコストを節約する、ただそれだけのためのものです。

ではマッチングコストは何のためにあったかと言うと、交換によってお互いに足りないものを調達するためでした。つまり、**欠乏解消のためにお金があったのです。**

でも、欠乏がなくなればそれを解消する手段もいらなくなるので、「だったらお金はいらないね」ということになってくるのです。

6 未来に希望がある

さまざまな問題が解決できる世の中になると、未来に希望が生まれます。

未来に希望があると、人はやる気になります。

そして、物事を楽観的に考えられるので、現在抱えた問題も気楽にとらえられるようになります。

「自分の未来はこれからよくなるだろう。今の問題も解決できるし、将来の糧になるだろう」、そんなポジティブな意識で暮らせるようになるのです。

7 メンタルを保つ技術が確立されている

人が問題解決のために動くには、メンタルが安定的に保たれていることが必要です。

これからは、それを科学的にサポートする技術がさらに進んでいきます。

一番手軽な方法が、電流を使って脳の神経活動を刺激する「ツーバイ直流電気刺激療法」です。これによって前頭葉の働きが活発になり、やる気や幸福感を高めるドーパミンもしっかり出てきます。

ドーパミンが健全な範囲で分泌されていると、それだけで人は前向きになれるのです。あまり大量・急速に出ると、ＬＳＤと同じで、全能の神のような感覚になってリスク無視の危ない行動をとってしまいますが、適度な量なら非常に効果的です。

多くのことを前向きに考えられて、目の前の、ふだんはつまらないと思っていることまで楽しくなり、ゆるやかな幸福感が出てきます。

そして、「問題という現象があるな」と客観的に見られるようになって落ち込まなくなり、前頭葉がちゃんと機能しているので、目の前のやるべきことをさっと始めることができます。

しかもその方策はネットの情報が上手にまとめてくれているので、「これをやればいい」というものはすぐ見つかります。確実に問題を解決できます。

8　想念が影響しやすい

問題解決できなかった時代の特徴は、地球の根源が制限だらけの不自由な世界だったため、願望が叶いにくかったことです。

でも、ホログラフィーをゆがめていた幽界や冥界のエネルギーが少なくなっていくので、そうした拘束が大幅に消えつつあります。

すると自由無制限の世界で、かつ物質次元も少しずつ非物質次元に変化していくので、**自分の想念が通用しやすい世界になっていきます。**

「この問題を解決したい」と思うと、必要なモノや人や情報がぱっと現れたりします。有益なシンクロニシティ現象が頻発するのです。

あるいは願望実現の根本、本質というのは、**「望んだものを、予想外のかたちで、途中過程をふっとばして手に入れられる」**ということなので、思いがけない方法で問題が勝手に解決する、ということも起こります。

まるで魔法のように願いが叶う、そんな体験も珍しくない世界になっていきます。

おわりに

日本と世界の繁栄、安寧《あんねい》のタイムラインは決定されています。
だからこそ、次のような事実が創造されているのです。

「悟り」に直結する、脳の前頭前野の実行機能を超活性する技術が、現実化に向けて着々と進化中。また、宇宙・素粒子物理学の世界では、パラレルワールド、異次元、テレポーテーションなど、人間の意識の自由度が上がる概念が「論理として存在する」と確信されています。

人類に地獄をもたらしてきた欠乏を解消する「エネルギー、フード、ドリンク、ハウスをフリーで無尽蔵に供給できる技術」が完成間近で、それらの技術の多くを担っているのは日本です。

産業の新たな石油と言われる半導体（全種類）を全世界に提供する工場も、日本に集約されつつあります。

現在の日本は、統計上、凶悪犯罪、環境破壊、交通事故が戦後最少となっています。さらに、日本人は不健康になっているように思われていますが、実際は認知機能と身体機能に年々若返りがみられます。

もし、日本と世界が破滅に向かっているのであれば、以上の現実は生み出されません。

世の中が破滅に向かっているという認識は誤りです。

事実を統計としてとらえず、否定的な情報だけを抽出して「目の前の出来事だけが世界を表している」と認識してしまう、人間の認知バイアスによって作られた錯覚《さっかく》に過ぎません。

もちろん、これからも悲惨な事件は起こるでしょう。しかし、それらは増加ではなく減少していく過程で引き起こされるものです。

君と日本と世界の絶対的な安寧は、すぐそこまでやってきています。

だから大丈夫。心配はいりません。

君は、自分にできる範囲で根源的なことをやっていくだけでいいのです。

最低限の身体づくり、脳の実行機能の開発、目の前の豊かさに気づき感謝する。これらを毎日少しずつでもできれば十分です。
僕たちは、今この瞬間も、間違いなくアセンションへの道を進んでいるのだから。

吉濱ツトム

吉濱ツトム（よしはま　つとむ）

発達障がいカウンセラー、経営アドバイザーと共にスピリチュアルヒーラーの側面を持つ。

先端科学、陰陽道、プレアデス情報を融合させることで独特の能力と理論を構築し、新規ヒーリング、リーディングの予約は9カ月待ちとなるなど好評を博している。

「誰にでも当てはまるような抽象的な本質論であってはいけない、現実に役立ち証明されてこそ本物である」という価値観のもと、スピリチュアルヒーラーやティーチャーへの能力開発指導を行い、医者、科学者、学者などへのアドバイザーを務める。

地震予知をはじめとした未来予言は、90%以上の的中率を誇る。


主な著書に『アセンションを導くプレアデス』『2040年の世界とアセンション』『人類史上最大の波動上昇が訪れた！』『隠れ発達障害という才能を活かす逆転の成功法則』（ともに徳間書店）、『アスペルガーとして楽しく生きる』（風雲舎）、『隠れアスペルガーという才能』（ベストセラーズ）などがある。

吉濱ツトム公式サイト
http://yoshihama-tsutomu.com/

アセンションか 滅亡か!?

第1刷　2024年8月31日

著　者　吉濱ツトム
発行者　小宮英行
発行所　株式会社徳間書店
〒141-8202　東京都品川区上大崎3-1-1
目黒セントラルスクエア
電　話　編集(03)5403-4344／販売(049)293-5521
振　替　00140-0-44392

印刷・製本　株式会社広済堂ネクスト

ISBN978-4-19-865876-2

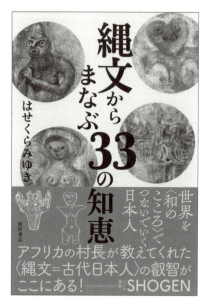

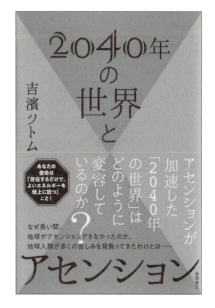